"ධම්මෝ හි වාසෙට්ඨා, සෙට්ඨෝ ජනේතස්මිං
දිට්ඨේ චේව ධම්මේ, අභිසම්පරායේ ච."

වාසෙට්ඨයෙනි, මෙලොවෙහි ත්, පරලොවෙහි ත්
ජනයා අතර ධර්මය ම ශ්‍රේෂ්ඨ වෙයි !

- අග්ගඤ්ඤ සූත්‍රය - භාගයවත් බුදුරජාණන් වහන්සේ

චතුරාර්ය සත්‍යාවබෝධයට ධර්ම දේශනා

# මෙන්න දුකේ රහස

පූජ්‍ය කිරිබත්ගොඩ ඤාණානන්ද ස්වාමීන් වහන්සේ

© සියලුම හිමිකම් ඇවිරිණි.

ISBN : 978-955-687-070-1

| | | |
|---|---|---|
| ප්‍රථම මුද්‍රණය | : | ශ්‍රී බු.ව. 2559 ක් වූ වප් මස පුන් පොහෝ දින |
| සම්පාදනය | : | මහමෙව්නාව භාවනා අසපුව<br>වඩුවාව, යටිගල්ඔළුව, පොල්ගහවෙල.<br>දුර : 037 2244602<br>info@mahamevnawa.lk \| www.mahamevnawa.lk |

පරිගණක අකුරු සැකසුම, පිටකවර නිර්මාණය සහ ප්‍රකාශනය :
මහාමේඝ ප්‍රකාශකයෝ
වඩුවාව, යටිගල්ඔළුව, පොල්ගහවෙල.
දුර : 037 2053300, 0773216685
mahameghapublishers@gmail.com

| | | |
|---|---|---|
| මුද්‍රණය | : | ලීඩ්ස් ග්‍රැෆික්ස් (පුද්.) සමාගම,<br>අංක 356 E, පන්නිපිටිය පාර, තලවතුගොඩ. |

චතුරාර්ය සත්‍යාවබෝධයට ධර්ම දේශනා....

# මෙන්න දුකේ රහස

## අලුත් දහම් වැඩසටහන

## 6

**පූජ්‍ය කිරිබත්ගොඩ ඤාණානන්ද ස්වාමීන් වහන්සේ**
විසින් පොල්ගහවෙල මහමෙව්නාව භාවනා අසපුවේ අලුත් දහම් වැඩසටහනේ දී සිදු කළ ධර්ම දේශනා ඇසුරිනි.

මහාමේඝ
MAHAMEGHA

**ප්‍රකාශනයකි**

# පෙළගැස්ම....

නමෝ තස්ස භගවතෝ අරහතෝ සම්මාසම්බුද්ධස්ස
**ඒ භාග්‍යවත් අර්හත් සම්මා සම්බුදුරජාණන් වහන්සේට නමස්කාර වේවා!**

# උදේ වරුවේ ධර්ම දේශනය...

## ශ්‍රද්ධාවන්ත පින්වත්නි,

අපි පසුගිය දහම් වැඩසටහනේදී පටිච්ච සමුප්පාද ධර්මයේ කොටසක් ඉගෙන ගත්තා. මේ පටිච්ච සමුප්පාදය ඉගෙන ගැනිල්ලෙන් තමයි අපිට අවබෝධ කරගන්න තියෙන්නේ අපේ මේ ජීවිත පැවැත්ම හේතුඵල දහමක්ය කියලා. ඒ කියන්නේ හේතුව සකස් වෙනකොට ඵලය සකස්වෙන ස්වභාවයට අයිති දෙයක් කියලා. ඒ විදිහට ජීවිතේ ගැන තේරුම් ගැනීම සියුම් දෙයක්. ඒක පහසු දෙයක් නෙමෙයි. මේ දීර්ඝ සසරේ කල්ප ගණන් අපි ජීවිතේ දැකලා තියෙන්නේ ඒ විදිහට නෙමෙයි. මේ ජීවිතේදිත් අපි මේ ජීවිතේ හඳුනගෙන තියෙන්නේ ඒ විදිහට නෙමෙයි.

අපි ජීවිතය ගැන හඳුනගෙන තියෙන්නේ අපට දාපු නම්ගොත් අනුවයි. කවුරුහරි ඇහුවොත් නම මොකක්ද කියලා එතකොට අපි නම කියනවා. අපි වෙන කෙනෙක් ගැන කතා කරද්දිත් මේ අසවල් කෙනා, අසවල් කෙනා කියලා නම කියනවා. අපි නම්ගොත් දාලා හැම දේකටම

කතා කරන්න පුරුදු වෙච්ච අය. අපි හිතන්නෙත් ඒ නම්ගොත් දාපු රටාව ඔස්සේ. මේ අසවලා, අර සුමනා, මේ සුජාතා, මේ මල්ලිකා, මේ ගාමිණී, මේ විජේ කියලා ඔය විදිහට තමයි හිතන්නේ.

## මෝරපු ප්‍රඥාවකින් දැකිය යුතු එකක්....

එහෙම හිත හිතා ඉන්න කෙනෙක් මේ ජීවිතේ කියන්නේ හේතුඵල දහමක්ය කියලා තේරුම් ගන්න නම් එයාට සෑහෙන්න මෝරපු ප්‍රඥාවක් තියෙන්න ඕන. ඒ මෝරපු ප්‍රඥාවකින් දැකිය යුතු දේ කෙනෙකුට එකපාරටම නොවැටහෙන්න පුළුවන්. ඇයි ඒක පුරුදු නැති නිසා. හැබැයි ඒක නොතේරුනා කියලා ඒ නොතේරුම්කම අවබෝධයට සුදුසු කමක් නෙමෙයි. ඒ නොතේරුම්කම අවබෝධයට සුදුසුකමක් නෙමෙයි නම් අපි නොතේරුම්කම ඉස්සරහට ගන්න හොඳ නෑ.

මොකද හේතුව නොතේරුම්කම ම එනවා නම් ඉස්සරහට අපට මේක කවදාවත් තේරුම් ගන්න හම්බ වෙන්නේ නෑ. හැබැයි නොතේරුම්කම බාධාවක් හැටියට තියෙන්න පුළුවන්. ඒ බාධාව මැඩගෙන යන්න දක්ෂ වෙන කෙනා ඒක වටහාගන්න පුළුවන් කෙනෙක් වෙනවා. අපි ලෝකෙට බැණ බැණ ඉන්නවා නම්, ලෝකෙට ශාප කර කර ඉන්නවා නම් ඕනතරම් දේවල් තියෙනවා. ඒ වගේ ඒවා ඊයෙත් තිබුනා. අදත් තියෙනවා. හෙටත් තියේවි.

## මේ ලෝකය පවතින්නේ කුමක් මතද....?

බුදුරජාණන් වහන්සේගෙන් දෙවි කෙනෙක් ඇහුවා "භාග්‍යවතුන් වහන්ස, මේ ලෝකය පවතින්නේ

කුමක් මතද?" කියලා. එතකොට බුදුරජාණන් වහන්සේ පිළිතුරු දුන්නා "දෙවිය, මේ ලෝකය පවතින්නේ දුක මතයි" කියලා. එහෙනම් ඊයේ ලෝකය පැවතුනෙත් දුක මත. අද ලෝකය පවතින්නෙත් දුක මත. හෙට ලෝකය පවතින්නෙත් දුක මත. දුකට අයිති දේවල් මේ ලෝකයේ හැම තැනම පේනවා.

ඒ දුකට අයිති දේවල් හැම තැනම පෙනෙද්දි අපි 'අනේ මේ දුකෙන් ලෝකයට කොච්චර පීඩාවක්ද....!' කියලා කිය කිය හිටියා කියලා ඒ දුක නැතිවෙන්නෙ නෑ. 'අනේ.... මේ දුක උහුලගන්න බෑනේ...' කිය කිය අඬ අඬා හිටියා කියලත් ඒ දුක නැතිවෙන්නෙ නෑ. මේ දුක පොදු වශයෙන් අපට පෙනුනාට මේ හැම දුකක්ම පෞද්ගලිකයි. ඒ කියන්නේ පුද්ගලයෙක් තනි තනිවම විඳින එකක්.

## පොදු වශයෙන් පෙනුනාට පෞද්ගලික එකක්....

අපි කියමු අපි ඔක්කෝටම කන්නත් නෑ බොන්නත් නෑ කියලා. අපට බඩගින්නයි පිපාසයයි දෙකම තියෙනවා. එතකොට අපට කලන්තෙ හැදිලා වැටෙනවා. දැන් කවුරුහරි ෆොටෝ එකක් ගත්තොත් පේන්නේ ලොකු පිරිසක් කලන්තෙ හැදිලා වැටිලා ඉන්නවා කියලයි. නමුත් ඒ සියලු දෙනාම ඒ දුක විඳවන්නෙ තනි තනියම. මේ පුද්ගලික දුක හැමෝටම ලැබෙනකොට අපට පේන්නේ ඒක පොදු එකක් වගෙයි. නමුත් හැම තිස්සේම කෙනෙක් විඳින්නෙ පුද්ගලික දුකක්. ඒ වගේම තමයි විසඳුමත් තනිකරම පුද්ගලික එකක්. ඒක බෙදාගන්න බෑ.

බුදුරජාණන් වහන්සේගේ ධර්මයේ තිබෙන එක ගුණයක් තමයි **ඕපනයික** කියන්නේ. ඒ කියන්නේ මේ ධර්මය තමා තුළට පමුණුවා ගත යුතු එකක්. ඊළඟට **පච්චත්තං වේදිතබ්බෝ විඤ්ඤූහීති.** බුද්ධිමත් අය තම තම නැණ පමණින් තේරුම් ගත යුතු එකක්. ඒ නිසා මේ පටිච්ච සමුප්පාද ධර්මය තේරුම් ගනිද්දි අර නම්ගොත් ආදී ලෝක සම්මත සියල්ල අතහැරලා බලන්න හැකියාව ඕනෙ.

## සම්මුතිය ඉක්මවා ගිය එකක්....

දැන් අපි කියමු නම්ගොත් ඔස්සේ බලන්න අපි පුරුදු වෙනවා කියලා. 'මම ධර්මය ඉගෙන ගන්නවා.... අසවලා ධර්මය ඉගෙන ගන්නවා....' කියලා අපි සම්මුතියෙන් කතා කරනවා. එහෙම සම්මුතියෙන් කතා කරන්න පුළුවන්. නමුත් ඒක අවබෝධ කරද්දි අවබෝධ කරන්න තියෙන්නේ හේතුඵල ධර්මයක් හැටියටයි. ඒක සම්මුතිය ඉක්මවා ගිය එකක්. එතකොට සම්මුතිය ඉක්මවා ගිහිල්ලා අවබෝධ කරන්න තියෙන දෙයක් සම්මුතියකින් තීරණය කරන්න බෑ. මේ කියන එක තේරුම් ගන්න.

අපි සුමනා, සුජාතා, බන්ධුලමල්ලිකා කියලා ඔහොම හිතාගෙන ඉන්නවා කියමු නම්ගොත් ගොඩාක්. හිතාගෙන හිටියට ඒ සම්මුතිය ඉක්මවා ගිය දෙයක් නම් අවබෝධ කරන්න තියෙන්නේ ඒක සම්මුතිය තුළින් තීරණය කරන්න බෑ. ඒ කියන්නේ දැන් සමහර කෙනෙක් ධර්මය පොඩ්ඩක් ඉගෙන ගෙන කියනවා 'මට ආයෙ උපදින්න ඕන නෑ.... මං නම් ආයෙ උපදින්න කැමති නෑ....' කියනවා. කවුද උපදින්න කැමති නැත්තේ? මම.

එතකොට මම කියන සම්මුතිය උපදින්න අකමැති වුනා කියලා ඒ තියෙන සිදුවීම නවතින්නෙ නෑ.

## මට නම් ආයෙ උපදින්න ඕන නෑ....

එහෙමනම් කෙනෙක් බණ ටිකක් ඉගෙනගෙන කිව්වොත් 'මම නම් ආයෙ උපදින්න කැමති නෑ.... මට නම් සසර එපා....' කියලා ඒකේ තේරුම තමයි එයාට ධර්මය තේරුනේ නෑ කියන එක. ධර්මය තේරුන කෙනෙක් ඒ විදිහේ බොළඳ කතා කියන්නෙ නෑ. හේතුඵල දහමක් නම් මේකේ තියෙන්නේ එයා තේරුම් ගන්නවා හේතුව හැදෙනකම් ඵලය හැදෙනවා කියලා. එයා ඊළඟ එකත් තේරුම් ගන්නවා. ඒ තමයි හේතුව නැති වුනහම ඵලය නැතිවෙනවා කියන කාරණය.

හේතුව තියෙනකම් ඵලය හැදෙන, හේතුව නැති වුනහම ඵලය නැති වෙන ධර්මතාවයක් නම් මේ ජීවිතය කියලා කියන්නේ ඒ ධර්මය අහලා කෙනෙක් කිව්වොත් 'මම නම් කැමති නැහැ උපදින්න. මං නම් ආයෙ උපදින්නෙ නෑ. මට නම් ඕන නෑ' කියලා. ඒක අයිති සක්කාය දිට්ඨියට. ඒක මාර්ගයට අයිති නෑ. සක්කාය දිට්ඨියේ පිහිටලා එහෙම කිව්වා කියලා එයාගේ ජීවිතයට කිසිම විමුක්තියක් උදාවෙන්නෙ නෑ. එයාට කිසිම ගුණධර්මයක් ලබන්නත් බෑ. හුදෙක් ඒක කීමකට පමණක් සීමා වෙනවා.

## කලබල නොවී බුද්ධිමත් වෙන්න....

ඒ නිසා මේ ධර්මය ඉගෙනීමේදී අපි ගොඩාක් ම බුද්ධිමත් විය යුතුයි. කලබල නැතිව හොඳ සිහි

කල්පනාවෙන් තේරුම් ගත යුතුයි. ඕනම දේකට කලබල වෙච්ච ගමන් මොකද වෙන්නේ? අපි අහලා තියෙනවා කලබල වෙච්ච කෙනාට කොරොස් කටෙත් අත දාන්න බෑ කියලා. කොරහ කියන්නේ ලොකු භාජනයක්. කලබල වුනාට පස්සේ ලොකු කටක් තියෙන කොරහටවත් අත දාන්න බෑ.

ඒ කියන්නේ කලබල වෙච්ච ගමන් අපේ සිහිනුවණ නැතිවෙනවා. එතකොට සිහිනුවණ දියුණු කරන්නෙ නැති කල්පනාවක් නම් අපි සාමාන්‍ය ජීවිතේ පුරුදු කරලා තියෙන්නේ හැම තිස්සේම ඉස්සරහට එන්නෙ ඒක. සිහිනුවණ නැතිවෙච්ච ගමන් එතන කලබලය තියෙන්නේ. ඒ කලබලය ඇතිවෙන්නේ හිතේ. හිත කලබල වෙච්ච ගමන් එතන වැඩ කරන්නෙ සංසිඳීම නෙමෙයි. එතන වැඩ කරන්නෙ නීවරණ. නීවරණත් එක්ක මේ විසඳුම් මොකුත් නෑ. එහෙමනම් මේ ධර්මය තේරුම් ගැනීමට අත්‍යාවශ්‍ය දෙයක් තමයි කලබල නැතිකම.

## ස්වාමීනී, සරණ දෙකයිනේ තියෙන්නේ....

ඔබ අහලා තියෙනවා නේද ඉන්දියාවේ මනුස්සයෙක් ලස්සනට බුද්ධං සරණං ගච්ඡාමි කියලා කියන කැසට් එකක් තියෙන්නේ. ඒ පටිය මෙහේ වැඩසටහනක් දවසක මම දැම්මා. මට මතකයි එදා එක අම්මා කෙනෙක් දුවගෙන ආවා මගේ ළඟට. ඇවිල්ලා මේ අම්මා කියනවා 'ස්වාමීනී, සරණ දෙකයිනේ දැන් තියෙන්නේ' මං ඇහුවා මොකක්ද කියලා. 'ඇයි ඔය ඇහෙන එකේ සඟ සරණ නෑනේ' කිව්වා. එතකොට මං කිව්වා ඒ අම්මට 'අම්මා.... පොඩ්ඩක් ඔහොම ඉන්න.

වාඩිවෙන්න. අහගන්න දැන්' කිව්වා.

ටික වෙලාවක් අහගෙන ඉඳලා 'ආ... තුනම තියෙනවා' කිව්වා. දැන් බලන්න කලබලේට අහලා වෙච්ච දේ. ඒකේ බුද්ධං සරණං ගච්ඡාමි, ධම්මං සරණං ගච්ඡාමි, සංඝං සරණං ගච්ඡාමි කියලා තුනම තියෙනවා. ඒ අම්මා මොකක් හරි කල්පනාවක හිටියා හරියට ඇහුවේ නෑ. කලබල වුනා 'හරි වැඩේනේ.... මේ සරණ දෙකයි නොවැ' කියලා. දුවගෙන ඇවිල්ලා මට කිව්වා. ඒ අම්මා ඉස්සෙල්ලාම 'ආ.... සරණ දෙකයි ඇහෙන්නේ. මොකද ඒ...?' කියලා ආයෙමත් ඉවසගෙන ඇහුවා නම් සරණ තුනම ඇහෙනවා. දැන් බලන්න කලබලයට ඇහිච්ච විදිහ.

## ඔය වගේ තමයි කටකතා යන්නෙත්....

තව කෙනෙක් කියන දේ බාගෙට අහලා, බාගෙට තේරුම් අරගෙන, කලබලයට ඒක කියෝගෙන යනවා. එතකොට ඊළඟ එක්කෙනාට ඇහෙන්නෙත් හරි දේ නෙමෙයි. ඔබ දන්නවනෙ අර කපුටෝ හත් දෙනෙක් වමනෙ දාපු ළමයගේ කතාව. එක ළමයෙකුට මොකක් හරි අසනීපයක් නිසා වමනෙ ගියා. ඒ වමනෙ දාපු තැන තිබුනා කපුටු පිහාට්ටක්. ඒක දැකපු එක ගෑණු කෙනෙක් ඊළඟ ගෙදරට ගිහිල්ලා කිව්වා 'දන්නවැයි වැඩක්. අන්න අසවල් ගෙදර අර අසවල් කොලුවා කපුටු පිහාට්ටක් වමනෙ දාලා නොවැ' කියලා. එතකොට ඒ ගෙදර එක්කෙනත් 'ආ... එහෙමද?' කියලා දුවගෙන ගිහිල්ලා ඊළඟ ගෙදරට කිව්වා 'ආන්න අසවල් කොල්ලා කපුටෙක් වමනෙ දාලා' කියලා. ගං හතකින් එහා ඇහුනා 'අසවල් කොලුවා කපුටෝ හත් දෙනෙක් වමනෙ දාලා' කියලා.

## මොකක්ද මේකට හේතුව....?

මේකට හේතුව තමයි අහන දේ හොඳින් නොඇසීම, කලබලවීම, නොවිමසීම. ධර්මය තේරුම් ගැනීම සඳහා අහන දේ මනාකොට ඇසීම අපි උත්සාහයෙන් කළයුතු දෙයක්. අපි මනාකොට අහන්න පුරුදු වෙච්ච ජාතියක් නෙමෙයි මෑත කාලේ. මෑත කාලේ අපිට මනාකොට ඇහිලා තියෙන්නේම එක එක්කෙනාගේ කුණු කන්දල්. එක්කෝ දේශපාලන කුණු කන්දල්. ඕවා අහලා අහලා අපේ කල්පනා කරන්න තියෙන හැකියාව විනාශ වෙලා තියෙන්නේ. ඒ නිසා අර මනාකොට අහනවා කියන එක අමාරුයි.

බුද්ධකාලේ මිනිස්සු මීට වෙනස්. ඒ මිනිස්සුන්ට තිබුනා මනාකොට ඇසීම. මනාකොට අසන කෙනා අසන්නෙ හිනහ වෙන්න දෙයක් නෙමෙයි. හිනහ වෙන්න දෙයක් නම් නොමනාකොට අසලා ඕනතරම් ගන්න පුළුවන්. දැන් අපි කියමු අපි බස් එකේ යනකොට රේඩියෝ එක දාලා තියෙනවා. ඒකේ එක එක විහිලු කතා යනවා. දැන් අපි නිකම් අහක බලාගෙන හිටියත් ඒ විහිලු කතා ඇහෙනවා. ඒකට හිත ඇදිලා යනවා. ඒකේ තියෙන විහිලු කෑලි වලට හිනහ යනවා. ඒකට තමයි කියන්නේ නොමනා ඇසීම කියලා.

## නොමනා කොට අහලා ගැටි ගැටී ඉන්නවා....

නොමනා ඇසීම නම් කාලයක් තිස්සේ අපි පුරුදු වෙලා තියෙන්නේ මනාකොට ඇසීම අමාරු එකක්. ඒ නිසයි අපේ මේ ධර්මය වටහා ගැනීමේ ශක්තිය

බොහොම දුර්වල. ධර්ම කතාව කරද්දි ඒ කියන කාරණය තේරුම් ගන්නෙ නැතුව පුංචි පුංචි කෑලි අල්ලගෙන සමහර අය ගැටෙනවා. ඒ නොමනාකොට අසන නිසා. නොමනාකොට අසනකොට ඒක පාරට තමන්ට ගැලපෙන්නෙ නැති වචනයක් ආවොත් ඒ වචනය අල්ලගෙන ගැටි ගැටී ඉන්නවා. ඊට පස්සේ එයාට ධර්මය ඇහෙන්නෙ නෑ.

ඒ නිසා ජීවිතාවබෝධ කරන ධර්මයට උපකාර වෙන ප්‍රධාන දේ තමයි මනාකොට ඇසීම. මනාකොට ඇසුවේ නැත්නම් වැටහෙන්නෙ නෑ. වැටහෙන්නෙ නැත්නම් ප්‍රඥාව ලැබෙන්නෙ නෑ. එහෙනම් ප්‍රඥාව ලැබෙන්න උවමනා කරන මූලික සුදුසුකමක් තමයි මනාකොට ඇසීම. මනාකොට අසන දේවල් අතර අපිට ලැබෙන දුර්ලභ දෙයක් තමයි මේ භාග්‍යවතුන් වහන්සේගේ ධර්මය.

## මේක තමයි ඇත්තම ධර්මය....

ධර්මය කියලා අපි කියන්න ඕනෙ නම් ලෝකයේ යමකට, ඒ කිවයුතු දේ තියෙන්නේ බුදුරජාණන් වහන්සේ වදාළ දේ තුළයි. අනිත් ආගම් වලත් එක එක නමින් ඒගොල්ලෝ ධර්මය ධර්මය කිය කිය කියනවා. කිව්වට ඒ ධර්මය කියන වචනයට සුදුසුකම් තියෙන දේවල් අනිත් පොත් වල නෑ. ධර්මය තුළ තමයි අවබෝධ කළයුතු දේ තියෙන්නේ. ඒ අවබෝධ කළයුතු දේ විග්‍රහ කර කර බලන්න පුළුවන් එකක්. අවබෝධය කියන්නේ නිකම්ම නිකම් විශ්වාසයක් නෙමෙයි. තව කෙනෙක් කියපු එකක් අහගෙන තව කෙනෙක් කීමක් නෙමෙයි.

දැන් ඔන්න මං ඔබට පටිච්ච සමුප්පාදය ගැන මොකක් හරි විස්තරයක් කරනවා. ඔබ ඒ විස්තරය අහලා අනිත් කෙනෙකුට කියනවා 'අපි අද බණ අහන්න ගියා. ඒ ස්වාමීන් වහන්සේ මෙහෙම කිව්වා' කියලා. එතකොට ඒක වාර්තාවක්. 'අසවලා මෙහෙම කිව්වා' කියලා කියන එක අවබෝධයක් නෙමෙයි ඒක වාර්තාවක්.

## මනාකොට අසන්න පුරුදු විය යුතුයි....

දැන් බලන්න මේ සිදුවීම ගැන. බුදුරජාණන් වහන්සේගේ කාලේ අර සාතාගිර හේමවත කියන යක්ෂයෝ දෙන්නා ආකාසයේ ඉඳගෙන ධර්ම කතාවක් කළා. ඒක අහගෙන හිටියා ගෙදරක සඳලුතලයේ හිටපු කාලි කියලා උපාසිකාවක්. ඒ උපාසිකාව සෝවාන් වුනා. කොහොමද එහෙම වුනේ? ඒක රිපෝට් එකක් නම් එහෙම වෙන්න බැනේ. එහෙනම් එතන තිබිලා තියෙන්නේ ධර්මය. ඒ ධර්මය තමන්ට වැටහෙන්න ඕනෙ. එතකොටයි අවබෝධයට පාර හැදෙන්නේ. ඒ නිසා මේ ධර්මය මනාකොට ඇසීම අපි පුරුදු කරන්න ඕනේ.

පසුගිය වැඩසටහනේදි අපි ඔබට කියාදෙමින් සිටියේ විපස්සී කියන සූත්‍ර දේශනාව. ඒකේ අපි ඉගැන්නුව මූලික කරුණු ටික මම නැවත මතක් කරන්නම්. මං ඔබට කිව්වා මේ ගෙවුන කල්ප සියය ඇතුලත බුදුරජාණන් වහන්සේලා හත් නමක් පහළ වුනා කියලා. ඒ තමයි විපස්සී, සිඛී, වෙස්සභූ, කකුසඳ, කෝණාගමන, කාශ්‍යප, ගෞතම කියන බුදුරජාණන් වහන්සේලා හත්නම. මේ බුදුරජාණන් වහන්සේලා හත්නම ගැන බුද්ධ දේශනා වල තියෙනවා. උන්වහන්සේලාට අපි පොදුවේ කියනවා සත්බුදු රජාණන් වහන්සේලා කියලා.

## අසමසම වූ බුදුරජාණන් වහන්සේලා....

මේ බුදුවරුන්ගේ ස්වභාවය තමයි එක් බුදුරජාණන් වහන්සේ නමක් අවබෝධ කරන දේ ඊළඟ බුදුරජාණන් වහන්සේගේ අවබෝධයට සමානයි. ඒකට කියනවා සම කියලා. හැබැයි අන් අයට එය කිසිසේත්ම සමාන වෙන්නෙ නෑ. ඒ නිසා කියනවා අසම කියලා. එතකොට අසම වූ බුදුරජාණන් වහන්සේලා සමාන වෙන්නේ බුදුරජාණන් වහන්සේලාට පමණයි. ඒ නිසා කියනවා අසමසම කියලා.

ඉතින් ඒ අසමසම වූ බුදුරජාණන් වහන්සේලාගේ මේ අවබෝධ වීමේ රටාව කිසිම වෙනසක් නෑ. ඒ කියන්නේ බුදුවරයෙකුගෙන් බුදුවරයෙකුට අවබෝධ වීමේ රටාව කිසිම ආකාරයකට ඇලපිල්ලකින් ඉස්පිල්ලකින් වෙනස් වෙන්නේ නෑ. ඒක ආශ්චර්යයක්. මේ දේශනා වල අපේ බුදුරජාණන් වහන්සේ සත්බුදුවරුන්ගේම අවබෝධය ගැන විස්තර කරනවා. ඒ විස්තර කරන්නේ එකම විදිහට. එක බෝසතාණන් වහන්සේ නමක් තවත් බෝසතාණන් වහන්සේ නමකගෙන් වෙනස් වෙලා නෑ.

## සම්මා සම්බුද්ධත්වයට මුල පිරීම....

ඒ කියන්නේ විපස්සී බුදුරජාණන් වහන්සේ බෝසත් කාලේ බුදුවෙන්න ඉස්සර වෙලා කල්පනා කරපු රටාව, සිඛී බෝසතාණන් වහන්සේ කල්පනා කරපු රටාව, වෙස්සභූ බෝසතාණන් වහන්සේ කල්පනා කරපු රටාව, කකුසඳ, කෝණාගමන, කාශ්‍යප, ගෞතම කියන සියලුම මහ බෝසතාණන් වහන්සේලා බෝධි මූලයේදී පටිච්ච සමුප්පාදයට පිවිසුනු ආකාරය සමානයි. කොහොමද පිවිසිලා තියෙන්නේ?

විපස්සී බුදුරජාණන් වහන්සේ බුද්ධත්වයට පත්වෙන්න කලින් කල්පනා කළා "**කිච්ඡං වතායං ලෝකෝ ආපන්නෝ**" (මං මේක ගිය පාර හවස වැඩසටහනේදි කියාදුන්නා) මේ ලෝක සත්වයා දුකට පත්වෙලා ඉන්නවා. **ජායති ච.** උපදිනවා. **ජීයති ච.** ජරාජීර්ණ වෙනවා. **මීයති ච.** මැරෙනවා. **චවති ච.** චුත වෙනවා. **උපපජ්ජති ච.** ආයෙමත් උපදිනවා. **අථ ච පනිමස්ස දුක්ඛස්ස නිස්සරණං නප්පජානාති ජරාමරණස්ස.** එහෙම වුනා කියලා මේකෙන් නිදහස් වීමක් පේන්න නෑ.

## එයා මැරිලා ගියපු එක හොඳයි....

ඔබ දන්නවා ඇති දැන් ඉරාකයේ, සිරියාවේ, ලිබියාවේ, සුඩානයේ මිනිස්සු පිහිටක් හොයාගෙන බෝට්ටු වලින් වෙන වෙන රටවල් වලට පැනලා යනවා. විසාල පිරිසකට තාම පිහිටක් නෑ. මෙහෙම යද්දි අතරමග මිනිස්සු මැරෙනවා. එහෙම මැරෙනකොට කෙනෙක් කියන්න පුළුවන් 'අනේ එයා නම් මේ දුකින් නිදහස් වුනා. එයා ජීවත් වෙලා හිටියා නම් එයාට තව විඳවන්න වෙනවා. එයා මැරිලා ගියපු එක හොඳයි' කියලා සාමාන්‍ය ලෝකෙ කතා වෙනවා නේද? ගොඩාක් දුක් විඳ විඳ හිටපු කෙනෙක් මැරුනට පස්සේ සමහරු ඒ විදිහට කියනවා.

අපි දන්නවද එයා මැරිලා ගිහින් උපන්නේ නිරයේද? තිරිසන් ලෝකෙද? ප්‍රේත ලෝකෙද? අසුර ලෝකෙද? එහෙම නැත්නම් ආයෙ එයා එතනම ඒ ගොඩේම පවුලක උපන්නාද කියලා මුකුත් දන්නවද අපි? අපිට ඒ මුකුත් පේන්නෙ නෑ. මේක එක ආත්මයකට සීමා වෙච්ච දුකක් නෙමෙයි. දේශනාවේ තියෙන්නේ

මේ දුක අවසන් වෙන තැනක් පේන්න නෑ කියලා. මේ දුක අවසන් වෙන තැනක් පෙනුනේ නැත්තේ ඇයි බෝසතාණන් වහන්සේලාට?

## බුදු නෙතින් දුටු ලොවෙහි සැබෑ තතු....

මේ පටිච්ච සමුප්පාද ධර්මය මෙනෙහි කරන්න කලින් උන්වහන්සේලා වෙන ඤාණ දෙකක් ලබලා තිබුනා. ඒ තමයි පුබ්බේනිවාසානුස්සති ඤාණයත් චුතූපපාත ඤාණයත්. බෝධි මූලයේදී මේ ඤාණ දෙක ඇතිවුනාම ඒ ඤාණයෙන් බැලුවා ලෝක සත්වයා දිහා. බලද්දි පේනවා මේ ලෝක සත්වයා ඉපදෙනවා. දිරනවා. මැරෙනවා. ආයෙ උපදිනවා. ආයෙ දිරනවා. මැරෙනවා. කෙළවරක් නෑ. කල්ප ගණන් ඉපදි ඉපදී මැරි මැරී තමයි ඇවිල්ලා තියෙන්නේ. "**කුදස්සු නාම ඉමස්ස දුක්ඛස්ස නිස්සරණං පඤ්ඤායිස්සති ජරාමරණස්සාති**" මේ ජරාමරණ දුකේ අවසානයක් දකින්න ලැබෙන්නේ කවද්ද කියලා ඔන්න උන්වහන්සේලාට අදහස ආවා.

දැන් අපිට 'අනේ.... මේ දුකේ අවසානයක් ලැබෙන්නේ කවද්ද...' කියලා අදහසක් ආවට අපි මෙච්චර ජඹුරට යන්නෙ නෑ. අපිට දැන් තියෙන දුක සංසිඳිච්ච ගමන් අපි ඔන්න සැනසුම් සුසුම් හෙලනවා 'හා.... යාන්තම් මේ ප්‍රශ්න ටික ඉවර වුනා' කියලා. අපිට හිතන්න තියෙන ප්‍රමාණය එච්චරයි. ඊට වඩා පළල් විදිහට හිතාගන්න බෑ. බුදුවරුන්ට එහෙම නෙමෙයි. බෝසතාණන් වහන්සේ නමක් පටිච්ච සමුප්පාදය මෙනෙහි කරන්න කලින් වෙන ඤාණ දෙකක් උන්වහන්සේට ඇති වෙලා.

## ජරා මරණ වලට හේතුව මොකක්ද....?

ඉස්සෙල්ලාම ඇතිවෙනවා පුබ්බේ නිවාස ඤාණය. ඒ කිව්වේ කෙළවරක් නැතුව පෙර ජීවිත ගත කරපු ආකාරය දැකීම. ඊට පස්සේ චුතූපපාත ඤාණයට පේනවා මේ සත්වයන් කර්මානුරූපව ඉපදෙන ආකාරයත් චුත වෙන ආකාරයත්. එතකොට මේ දුක අවසන් වෙන්නේ කවද්ද කියලා ප්‍රශ්නය එනකොට අපිට වගේ ලේසි උත්තරේකින් බේරෙන්න බෑ. මේකට පැහැදිලිවම පිළිතුරක් ලැබෙන්න ඕනෙ. ඒ නිසා උන්වහන්සේලා විමසන්න පටන් ගන්නවා **"කිම්හි නු බෝ සති ජරාමරණං හෝති"** මේ ජරාමරණ තියෙන්නේ කුමක් නිසාද කියලා.

## ග්‍රහචාරයේ වැරැද්දක්ද....?

සාමාන්‍යයෙන් ගොඩක් අය පුරුදු වෙලා ඉන්නේ මේ ජරාමරණ තියෙන්නේ කුමක් නිසාද කියලා මේ ජරාමරණ වලට සැබෑ හේතුව හොයන්න නෙමෙයි. ගොඩක් අය හිතන්නේ මේ ජරාමරණ තියෙන්නේ මොකක් හරි අපලයක් නිසා කියලා. මේ ළඟදි අර සේයා සදෙව්මි කියලා පුංචි දරුවෙක් නැතිවුනානේ. ඒකට සමහරු ඒ දරුවගේ කේන්දරේ ග්‍රහචාරය නරක් වෙලා තිබුනද කියලා හොයනවා. ග්‍රහචාරය නරක් වෙච්ච නිසා නම් එහෙම වුනේ වැරදිකාරයෝ කවුරුත් නැනේ. කාටවත් දඬුවම් දෙන්න ඕනෙ නැනේ. ඇයි ඒක වෙන කාගෙවත් වැරැද්දක් නෙමෙයිනේ. ග්‍රහචාරයේ වැරැද්දක් නේ. ඒ උත්තරේ හරිද? නෑ. ඒක තමයි කියන්නේ හරි උත්තරේ එතන නෑ කියලා.

## මෙන්න හරි උත්තරේ....

කුමක් නිසාද මේ ජරාමරණ හටගන්නේ කියලා **යෝනිසෝ මනසිකාරා** ඒ බෝසතාණන් වහන්සේ නුවණින් මෙනෙහි කරද්දි **අහු පඤ්ඤාය අභිසමයෝ** ප්‍රඥාවෙන් අවබෝධ වුනා මේ ජරාමරණ තියෙන්නේ ඉපදීම නිසා කියලා. එහෙනම් උපදින තාක් කල් ජරාමරණ වලින් ගැලවෙන්න බෑ. මේ සත්වයා එක එක ක්‍රමයට උපදිනවා. **අණ්ඩජ** බිත්තර අස්සෙත් උපදිනවා. **ජලාබුජ** මව්කුසෙත් උපදිනවා. **සංසේදජ** තෙත් පරිසරයෙත් උපදිනවා. **ඕපපාතික** ඒ තුනෙන් තොරවත් උපදිනවා.

මේ විදිහට උපදින තාක් ජරාමරණ වලට මූණ දිදී යන්න සිද්ධ වෙනවා. කිසිම ප්‍රාර්ථනාවකින්, කිසිම ගණුදෙනුවකින්, කිසියම්ම ක්‍රමයකින් මේ ලෝකයේ ඒක මග අරින්න ක්‍රමයක් නෑ. ඊළඟට ඒ විපස්සී බෝසතාණන් වහන්සේ කල්පනා කරනවා **කිම්හි නු බෝ සති ජාති හෝති.** ඉපදෙන්නේ කුමක් නිසාද කියලා. ඒ විදිහට නුවණින් මෙනෙහි කරද්දි විපස්සී බෝසතාණන් වහන්සේට ප්‍රඥාවෙන් අවබෝධ වුනා ඉපදෙන්නේ භවය නිසා කියලා.

## භවය නිරුද්ධ වෙලා නම් පිරිනිවන් පානවා....

දැන් අපි මේ ජීවත් වෙන්නේ භවය තුළයි. දැන් අපි මැරුනොත් උපදින්නේත් භවය නිසයි. භවය නිරුද්ධ වෙලා නම් තියෙන්නේ අපි දැන් මැරුනොත් පිරිනිවන් පානවා. නමුත් දැන් භවය හැදි හැදී තියෙන්නේ. භවය

කියන වචනය අපි ගිය වතාවේ ගොඩාක් විස්තර කරලා දුන්නා. බුදුරජාණන් වහන්සේ භවය කියන එක විස්තර කළේ කොහොමද? **කම්මං ඛෙත්තං. විඤ්ඤාණං බීජං. තණ්හා සිනේහෝ.** කර්මය තමයි කුඹුර. විඤ්ඤාණය තමයි බීජය, තණ්හාව තමයි තෙත.

යමක් පැළවෙන්න මේ තුනම ඕන. කුඹුරත් ඕනෙ. බීජත් ඕනෙ. ජලයත් ඕනෙ. මේ තුනම තිබුනොත් තමයි අර බීජයේ වර්ධනයට සම්පූර්ණ ආධාරය තියෙන්නේ. එතකොට අපි මේ භවය කියන එක විස්තර කරගන්න ඕනේ ඔය විදිහටමයි. ධර්මය තුළ භව තුනක් ගැන විස්තර කෙරෙනවා. කාමභව, රූප භව, අරූප භව කියලා. අටුවාවේ නම් විස්තර කරලා තියෙනවා කම්ම භව, විපාක භව ආදී වශයෙන්. නමුත් බුද්ධ දේශනාවේ එහෙම නෑ. බුදුරජාණන් වහන්සේට අවබෝධ නොවෙච්ච කාරණයක් පස්සේ වෙන කාටවත් අවබෝධ වෙන්න විදිහක් නෑනේ.

## බුද්ධ දේශනාව අංගසම්පූර්ණයි....

බුදුරජාණන් වහන්සේ නියම විදිහට, අංගසම්පූර්ණ විදිහට, අඩු නැති විදිහට මේ භවය කියන එක තේරුවා. බුදුරජාණන් වහන්සේගේ දේශනාවේ අඩුවක් නෑ. අඩුවක් තිබුනා නම් පස්සේ එකතු කරන්න පුළුවන්. එහෙම වුනා නම් බුදුරජාණන් වහන්සේ සර්වඥ නෑ. එහෙනම් පස්සේ එකතු කරපු එක්කෙනා තමයි සර්වඥ වෙන්න ඕනෙ. ඒ භවය ගැන විස්තර වෙන දේශනාව තියෙන්නේ අංගුත්තර නිකායේ තුන්වෙනි නිපාතයේ. ඒක අපි පසුගිය වැඩසටහනේදී කථා කළා.

මේවා මේ ලෝකයේ කිසි කෙනෙකුට හොයාගන්න බැරි දේවල්. සාමාන්‍ය මනුස්සයා ඉපදීම නිසා මැරෙන බව පෙනි පෙනී ඒක පිළිගන්නේ නෑ. පිළිගන්නෙම ග්‍රහචාරය නරක විදිහට පිහිටලා මළා කියලා මිසක් ඉපදිච්ච නිසා මළා කියලා නොවෙයි. එතකොට සාමාන්‍ය මනුස්සයාට ඉපදීම පෙනි පෙනී, මරණය පෙනි පෙනී, උපදින සත්වයාත් පෙනි පෙනී, මරණයට පත්වෙන සත්වයාත් පෙනි පෙනී උපන්න නිසා මැරෙනවා කියන එක වැටහෙන්නෙ නෑ. මේ ගොරෝසු කාරණය පෙනි පෙනී වැටහෙන්නෙ නැත්නම් සියුම් කාරණය කොහෙත්ම වැටහෙන්නෙ නෑනේ.

## නුවණින් විමසද්දී ප්‍රඥාවෙන් අවබෝධ වුනා....

ඊට පස්සේ බෝසතාණන් වහන්සේ භවය හටගන්නේ කුමක් නිසාද කියලා ආයෙ නුවණින් විමසන්න පටන් ගත්තා. **යෝනිසෝ මනසිකාරා.** නුවණින් විමසන්න ගත්තහම (මේ තමයි මේකේ තියෙන වටිනාම කොටස) **අහු පඤ්ඤාය අභිසමයෝ.** ප්‍රඥාවෙන් අවබෝධ වුනා. අපට මේ කොටස නොතිබෙන්න පුළුවන්. මං කිව්වනෙ අපි කාලයක් තිස්සේ මනාකොට සවන් දෙන්න පුරුදු වෙච්ච නැති අය. මනාකොට සවන් දෙන්න පුරුදු වෙච්ච නැති කමත් ඒ සවන් දෙන කාරණය හොඳින් මෙනෙහි කරගන්න බැරිකමත් තියෙද්දී යෝනිසෝ මනසිකාරය කියන එක වෙන්නෙ නෑ. යෝනිසෝ මනසිකාරය කියන එක නොවෙන තාක් වැටහෙන්නෙ නෑනේ. ඒ නිසා අපට ඒ අර්බුදය තියෙන්න පුළුවන්. ඒ වුනාට අපි ඒ අර්බුදයට තැන දෙන්නෙ නැතුව උත්සහ කරන්න ඕනෙ.

## ග්‍රහණය වුනාට පස්සේ ගැලවෙන එක ලේසි නෑ....

එතකොට ඔන්න භවය තියෙන්නේ කුමක් නිසාද කියලා නුවණින් විමසද්දි විපස්සී බෝසතාණන් වහන්සේට ප්‍රඥාවෙන් අවබෝධ වුනා භවය තියෙන්නේ උපාදාන නිසා කියලා. උපාදානය කියන්නේ යම්කිසි දෙයකට ග්‍රහණය වීම. යම්කිසි දෙයකට අහුවීම. යමකට අහුවුනහම කොටු වුනහම අපිට ඒකෙන් ලේසියෙන් ගැලවෙන්න බෑ. සාමාන්‍ය මනුස්ස ජීවිතය ගැන කල්පනා කරමු බලන්න. මගේ ළඟට ඇවිල්ලා සමහරු කියනවා 'අනේ ස්වාමීනී, අපිට තරුණ කාලේ මේ ධර්මය හම්බ වුනා නම් අපි කසාදෙට අහුවෙන්නෙ නෑ' කියලා. එහෙනම් ඒ ගැලවෙන්න පුළුවන් එකකටද අහුවෙලා තියෙන්නේ? නෑ. කසාදය කියන්නේ බාහිර එකක්නේ. ඒ බාහිර එකෙනුත් ගැලවෙන්න බැරි නම් අභ්‍යන්තර එකෙන් කොහොම ගැලවෙයිද?

## උපාදාන හතරක් තියෙනවා....

උපාදානය කියන්නේ බාහිර එකක් නෙමෙයි අභ්‍යන්තර එකක්. ඒ ගැලවෙන්න අමාරු විදිහට හසුවීම් (උපාදාන) හතරක් තියෙනවා. කාමයට හසුවීම. දෘෂ්ටියට හසුවීම. සීලව්‍රතයන්ට හසුවීම. ආත්මවාදයට හසුවීම. මේ හතරට තමයි අහුවෙලා තියෙන්නේ. මේ හතරට අහුවෙච්ච නිසා තමයි භවයක පැටලුනේ. මේ කියන කාරණා ඔබ හොඳට තේරුම් ගන්න මහන්සි ගන්න. තේරුම් අරගෙන ඉස්සෙල්ලාම කරන්න ඕනේ මේ රටාව සිද්ධ වෙන්නේ මේ විදිහටමයි, වෙන විදිහකට නොවෙයි

කියලා ඒක ගැන තමන්ගේ හිතේ පැහැදීමක් ඇතිකර ගන්න ඕනේ.

මුලින්ම තමන්ට මේක නොවැටහෙන්න පුළුවන්. නොවැටහුනාට මේ කාරණා බුද්ධ දේශනාවේ තියෙනවා. අපට නොවැටහෙන එක වෙනම එකක්. නමුත් මේක දේශනාවේ තියෙනවා. මං අර ඉස්සෙල්ලා එක අම්මා කෙනෙක් ගැන කිව්වේ. ඒ අම්මට බුද්ධං සරණං ගච්ඡාමි, ධම්මං සරණං ගච්ඡාමි කියන දෙක ඇහුනා. නමුත් සංඝං සරණං ගච්ඡාමි කියන එකත් ඒ පටියේ තිබුනා. ඒ අම්මට ඇහිච්ච නැති එක අනිත් අයට ඇහුනා. ඉතින් මං ඒ අම්මට කිව්වා 'ඔහොම ඉන්න... වාඩිවෙන්න මෙන්න මේ පුටුවෙන්. ආයෙ අහගෙන ඉන්න' කිව්වා. වාඩිවෙලා අහගෙන හිටියා. 'ආ... හරි' කිව්වා.

## අපිට නොතේරුනාට ඒ කාලේ හිටපු අයට තේරුනා....

එහෙනම් ඒ වගේ අපට මේ පටිච්ච සමුප්පාද ධර්මය නොතේරුනාට ඒ කාලේ හිටපු දාස්ගණන් ලක්ෂ ගණන් පිරිසට තේරුනා. වැටහුනා. එහෙනම් අපි මේ ගැන පැහැදීමක් ඇතිකරගන්න ඕනේ මේක සිද්ධ වෙන්නේ මේ විදිහටමයි, වෙන විදිහකට නෙමෙයි කියලා. එක තැනකදි බුදුරජාණන් වහන්සේ මේ පටිච්ච සමුප්පාදය දේශනා කරලා කියනවා "මහණෙනි, හිත පහදවා ගන්න. මේ විදිහටමයි මේක වෙන්නේ. වෙන විදිහකට නෙමෙයි" කියනවා.

ඒ කියන්නේ මේ ලෝකයේ යම්තාක් ජරාමරණ ඇද්ද ඒ සියල්ලම ඉපදීම නිසා. යම්තාක් උප්පත්ති ඇද්ද

ඒ සියල්ලම භවය නිසා. යම්තාක් භව ඇද්ද ඒ සියල්ලම උපාදාන නිසා. ඒ කියන්නේ කාම භවය වේවා, රූප භවය වේවා, අරූප භවය වේවා යම්තාක් භව ඇද්ද ඒ සියල්ලම උපාදාන නිසා. යම්තාක් උපාදාන ඇද්ද ඒ ඕනෑම උපාදානයක් හැදෙන්නේ තණ්හාව නිසා. බුදුරජාණන් වහන්සේ දේශනා කරනවා "මහණෙනි, ඊට පස්සේ විපස්සී බෝසතාණන් වහන්සේ නුවණින් විමසුවා උපාදාන හැදෙන්නේ කුමක් නිසාද? කුමක් ඇති කල්හිද උපාදාන ඇතිවෙන්නේ? කියලා.

## ආශ්වාදය ලැබෙන දෙයට සිත ඇදී යාම තණ්හාවයි....

එතකොට ඒ විපස්සී බෝසතාණන් වහන්සේට අවබෝධ වුනා උපාදාන හටගන්නේ තණ්හාව නිසා කියලා" තණ්හාව කියන්නේ ආශ්වාදය ලබන දෙයට සිත ඇදිලා යෑම. ආශ්වාදය ලැබෙන දෙයට සිත ඇදිලා යෑම තණ්හාවද නැද්ද කියන කාරණය තමන්ටම බලාගන්න පුළුවන්. ඒකට ආයෙ බාහිර කෙනෙක් ඕන නෑ. ආශ්වාදනීය අරමුණක් මෙනෙහි කරද්දි සිත ඇදී යනවා. ආශ්වාදය ඇතිවෙන රූපයට සිත ඇදී යනවා. ආශ්වාදය ඇතිවෙන ශබ්දයට සිත ඇදී යනවා. ආශ්වාදය ඇතිවෙන ගන්ධයට සිත ඇදී යනවා. ආශ්වාදය ඇතිවෙන රසයට සිත ඇදී යනවා. ආශ්වාදය ඇතිවෙන ස්පර්ශයට සිත ඇදී යනවා.

මේ ළඟදි එක මනුස්සයෙක් තමන්ගේ හොර සම්බන්ධයට බිරිඳ විරුද්ධ වුනා කියලා බිරිඳගෙන් පළිගන්න හිතාගෙන බිරිඳවයි ළමයවයි අරගෙන ගලක්

උඩට ගිහිල්ලා තල්ලු කරලා මුහුදට. මේ වගේ ඒවා වෙන්නේ ආශ්වාදනීය අරමුණු වලට සිත ඇදීයාම නිසා නේද? බුදුරජාණන් වහන්සේ දේශනා කරලා තියෙනවා මේ ලෝකයේ තියෙන සියලු දුක් කරදර, සියලු පීඩා, සියලු හිංසන, සියල්ලම කරුණු තුනකින් කියනවා හටගන්නේ. එක්කෝ රාගයෙන්. එහෙම නැත්නම් ද්වේශයෙන්. එහෙම නැත්නම් මෝහයෙන්.

## අභ්‍යන්තර ප්‍රශ්නය....

මේ තුනෙන් තොරව මේ ලෝකයේ මනුෂ්‍යයන් අතර දුක් හටගන්නවා අඩුයි. දැන් අපි ගත්තොත් ස්වාභාවික විපත් හැටියට තියෙන දුක් තියෙනවා. ඊට අමතරව මනුෂ්‍යයා විශාල දුකක් විඳිනවනෙ. ඒ දුක විඳින්නේ මිනිස්සුන්ගේ අභ්‍යන්තර ප්‍රශ්නයක් නිසා. මොකක්ද ඒ අභ්‍යන්තර ප්‍රශ්නය? රාගය, ද්වේශය, මෝහය කියන දුක හටගන්න හේතුවෙන කරුණු. දැන් ඔය ඉරාකෙන් සිරියාවෙන් ලිබියාවෙන් අම්මලා තමන්ගේ දරුවොත් අරගෙන යුරෝපයේ රටවල් වලට පැනලා යනවනෙ. ඒ පැනලා ගියපු අයගෙන් ළමයි දහදාහක් අතුරුදහන්. ළමයි දහදාහක් උස්සලා.

බලන්න මේ ප්‍රශ්න වල ස්වභාවය. එතකොට ළමයිනුත් අරගෙන ඒ අම්මලා මුහුදේ යන්තම් බෝට්ටුවකට නැගලා ජීවිතයත් මරණයත් අතර සටනක යෙදිලා දරුවොත් අරගෙන ගොඩවුනා. ගොඩවෙලා සමහරු ග්‍රීසියට යනවා. සමහරු හංගේරියාවට යනවා. සමහරු ඔස්ට්‍රියාවට යනවා. සමහරු මැසඩෝනියාවට යනවා. ඔහොම යද්දි සමහර රටවල් වල බෝඩර්

ඔක්කොම වහලා ඇතුල්වෙන්න තහනම් කියලා. දැන් තැන් තැන්වල අතරමං වෙලා පාරවල් වල කැලෑවල් වල මිනිස්සු ඉන්නවා වැටිලා. නැගිටලා බලද්දි ළමයි නෑ.

## මිනිස්සු විඳින දුක හිතාගන්න බෑ....

මේවා ඔක්කොම උහුලගෙන යන්න එපැයි මනුස්සයා සසරේ. එතකොට මේ ඔක්කොම දුක් හටගන්නේ එක්කෝ රාගයෙන්. නැත්නම් ද්වේෂයෙන්. එහෙම නැත්නම් මෝහයෙන්. සමහරවිට ඔය ළමයි එක්කගෙන ගිහිල්ලා අන්තිමට ලිංගික වහල්ලු හැටියට විකිණෙනවා. ඊට පස්සේ ඒ ළමයි මුළු ජීවිත කාලෙම ඒ වෘත්තියේ යෙදෙන්න ඕනෙ. හිතාගන්න බෑ ඒ මිනිස්සුන්ගේ දුක. මේ දේශනා වල තියෙන්නේ අථ **ච පනිමස්ස දුක්ඛස්ස නිස්සරණං නප්පජානන්ති.** මේ දුකෙන් නිදහස් වීමක් නම් මේ ලෝකෙ පේන්නෙ නෑ කියනවා.

මේ හේතුඵල ධර්මතාවය එක එක්කෙනාගේ ජීවිතය තුළ හැදෙනකම් ම මේකෙන් බේරිල්ලක් නෑ. එතකොට දැන් අපි තේරුම් ගත්තා මේ තෘෂ්ණාව කියන්නේ ආශ්වාදය ඇතිකරන අරමුණට සිත ඇදිලා යෑම කියලා. මේක කීමක් හැටියට ගන්න එපා. කීමක් හැටියට ගත්තොත් ඒක කීමක් හැටියටම නතර වෙනවා. ඒක වාර්තාවක් හැටියට නැතුව අත්දැකීමක් හැටියට ගන්න. ආශ්වාදය ඇති කරලා දෙන අරමුණට අපේ හිත ඇදිලා යනවද නැද්ද? ඒක තමන්ට නුවණින් තේරුම් ගන්න පුළුවන් තැනක්. ඊට පස්සේ ඒ හිත ඇදිලා යන අරමුණට තමන් හසුවෙනවද නැද්ද? හසුවෙනවා.

## සය ආකාර වූ තණ්හාව....

හිත ඇදිලා යන අරමුණට හසුවෙද්දි එක්කෝ එයා හසුවෙන්න පුළුවන් කාමයට. හිත ඇදිලා යන අරමුණට හසුවෙද්දි එක්කෝ එයා හසුවෙන්න පුළුවන් සීලව්‍රතයකට. එහෙම නැත්නම් ආත්මවාදයට. එහෙම නැත්නම් දෘෂ්ටියකට. මේ තෘෂ්ණාව බුදුරජාණන් වහන්සේ එක එක විදිහට තෝරලා දීලා තියෙනවා. මේ පටිච්ච සමුප්පාද ධර්මය තුළ උන්වහන්සේ තෝරලා දෙන්නේ සයවැදෑරුම් තෘෂ්ණාව. ඒ තමයි රූපය කෙරෙහි සිත ඇදීයාම **රූප තණ්හාව**. ශබ්දය කෙරෙහි සිත ඇදීයාම **ශබ්ද තණ්හාව**. ගඳ සුවඳ කෙරෙහි සිත ඇදීයාම **ගන්ධ තණ්හාව**. රසය කෙරෙහි සිත ඇදීයාම **රස තණ්හාව**. ස්පර්ශය කෙරෙහි සිත ඇදීයාම **ඵොට්ඨබ්බ තණ්හාව**. අරමුණු කෙරෙහි සිත ඇදී යාම **ධම්ම තණ්හාව**.

## තෘෂ්ණා සැඩ පහර....

බුදුරජාණන් වහන්සේ මේ තෘෂ්ණාවට පාවිච්චි කරපු වචනයක් තමයි සැඩ පහර. ජීවිතය තුළ ඔය තෘෂ්ණාව නමැති සැඩපහර ගලන්නේ ඇතුලට. තෘෂ්ණාව ආයතන වලින් පිටට  ගලනවා නෙමෙයි. ආයතන වලින් ඇතුලට ගලන්නේ. ඇතුලට ගලන තෘෂ්ණා සැඩ පහර සංවර කරන්නේ ආයතන සංවර කිරීමෙන්. ඇස සංවර කරපු ගමන් තෘෂ්ණාව ගලන එක පාලනය වෙනවා. කන සංවර වුනාම පාලනය වෙනවා. නාසය සංවර වුනාම පාලනය වෙනවා. දිව සංවර වුනාම පාලනය වෙනවා. කය සංවර වුනාම පාලනය වෙනවා. මනස සංවර වුනාම පාලනය වෙනවා.

මේ ඇස, කන, නාසය, දිව, කය, මනස අසංවර වුනාම තෘෂ්ණාව ගලන්න ගන්නවා. දැන් හැම මාධ්‍යයකින්ම කරන්නේ මේ තෘෂ්ණා ගංගාව සංවර කරන එකද අසංවර කරන එකද? අසංවර කරන එකයි. එතකොට ඒ මාධ්‍යයට ඇහැ විවෘත කරන් හිටියොත්, කන විවෘත කරන් හිටියොත්, නාසය, දිව, කය විවෘත කරන් හිටියොත් සම්පූර්ණයෙන්ම ජීවිතය ඇතුලට තෘෂ්ණා ගඟ ගලනවා. ඊට පස්සේ මුළු ජීවිතය ම අර්බුදයක්. එහෙම ජීවිතයේ අර්බුද කරගත්තු අය තමයි ප්‍රශ්න හදලා මේ ඔක්කොම විනාස කරන්නේ.

## ඒ ඒ තැන සතුටින් පිළිගන්නා තණ්හාව....

තෘෂ්ණාව කියන එක සන්ධිස්ථානයක් මේ ජීවිතයේ. දැන් බලන්න බුදුරජාණන් වහන්සේ දුක් උපදවන, දුක නිර්මාණය කරන, දුක බිහි කරන ආර්ය සත්‍යය එහෙමත් නැත්නම් දුක්ඛ සමුදය ආර්ය සත්‍යය විස්තර කරන ආකාරය. **යායං තණ්හා** යම් මේ තණ්හාවක් ඇද්ද, **පෝනෝභවිකා** යළි භවය හදාදෙන. **නන්දිරාග සහගතා** ආශ්වාදයෙන් ඇලෙනසුළු. **තත්‍රතත්‍රාභිනන්දිනි** ඒ ඒ තැන සතුටින් පිළිගන්නා. දැන් අපි ගත්තොත් එහෙම මනුස්ස ලෝකෙ හිටපු එක්කෙනා උපදිනවා කියමු තිරිසනෙක් වෙලා. ඊට පස්සේ එයා ඒක තමයි සතුටින් පිළිගන්නේ.

මනුස්ස ලෝකේ හිටපු එක්කෙනා උපදිනවා කියමු අසූචි වලක පණුවෙක් වෙලා. එතකොට එයා ඒ අසූචි වල තමයි සතුටින් පිළිගන්නේ. මනුස්ස ලෝකෙ උපන්න එක්කෙනා පෙරේතයෙක් වුනා කියමු. ඊට පස්සේ ඒක තමයි සතුටින් පිළිගන්නේ. මනුස්ස ලෝකෙක උපන්න

එක්කෙනා වෙනත් ලෝකෙක උපන්නොත් ඒක තමයි සතුටින් පිලිගන්නේ. ඒ ඒ තැන සතුටින් පිළිගන්නවා. **සෙය්‍යථීදං.** ඒ මොකක්ද? **කාම තණ්හා**, කාමයන්ට සිත ඇදී යාම. **භව තණ්හා** භවයට සිත ඇදීයෑම. **විභව තණ්හා** විභවයට සිත ඇදීයෑම.

## උච්ඡේද දෘෂ්ටිය, ශාස්වත දෘෂ්ටිය, භෞතික වාදය....

සමහරු කැමතියි උපතක් නැතුව ඉන්න. එතකොට හේතුඵල දහමට ඉඩක් නෑ. ආන්න එහෙම අය තමයි මරණින් මත්තේ කිසිවක් නෑ කියලා උච්ඡේද දෘෂ්ටියට යන්නේ. භව තණ්හාව තියෙන එක්කෙනා යනවා මරණින් මත්තේ සදාකාලිකව ඉන්න ඕනේ කියන ශාස්වත දෘෂ්ටියට. කාම තණ්හාව තියෙන එක්කෙනා භෞතිකවාදයට යනවා. එහෙම තමයි මේක වෙන්නේ. මේ විදිහට කාම තණ්හා, භව තණ්හා, විභව තණ්හා කියලා බෙදෙනවා. ඊළඟට තණ්හාව හය ආකාරයකට වැඩ කරනවා. සිතක මේ සියල්ල තියෙනවා.

බුදුරජාණන් වහන්සේ වදාළා "මහණෙනි, ඒ විපස්සී බෝසතාණන් වහන්සේට **යෝනිසෝ මනසිකාරා අහු පඤ්ඤාය අභිසමයෝ** නුවණින් මෙනෙහි කරද්දි ප්‍රඥාවෙන් අවබෝධ වුනා මේ උපාදානය ඇතිවෙන්නේ තණ්හාව නිසා කියලා" ගිය වතාවේ වැඩසටහනේදි මෙතනට එනකන් අපි ඉගෙන ගත්තා. අද පටන් ගන්නේ එතන ඉඳලා. ඊට පස්සේ විපස්සී බෝසතාණන් වහන්සේ විමසන්න පටන් ගත්තා කුමක් ඇති කල්හිද තණ්හාව ඇතිවෙන්නේ? කියලා.

## විඳීම නිසයි තණ්හාව....

ඒ විපස්සී බෝසතාණන් වහන්සේට නුවණින් විමසද්දි ප්‍රඥාවෙන් අවබෝධ වුනා **වේදනාය බෝ සති තණ්හා හෝති.** තෘෂ්ණාව ඇතිවන්නේ විඳීම තියෙනකොටයි. **වේදනා පච්චයා තණ්හා.** විඳීම නිසයි තණ්හාව ඇතිවන්නේ. එහෙනම් මේ ලෝකෙ ආශ්වාදනීය අරමුණක් කියලා කියන්නේ විඳින දෙයක්. විඳීමක් තියෙනකොටයි තෘෂ්ණාව හටගන්නේ. දැන් ඔබ හොඳට කල්පනා කරලා බලන්න ඔබේ ජීවිතයට තෘෂ්ණාවක් හටගත්තා නම්, ආශ්වාදනීය අරමුණකට ඇදිලා ගියා නම් ඇදිලා ගියේ වින්දනයක් තියෙන එකකටද වින්දනයක් නැති එකකටද? වින්දනයක් තියෙන එකකට.

බුදුරජාණන් වහන්සේ පෙන්වා දෙනවා වින්දනය නිසයි මේකට ඇදිලා යන්නේ. මේ වින්දනය හටගන්නේ මොකෙන්ද? ඇසේ ස්පර්ශය තියෙනවා. ඊළඟට කනේ ස්පර්ශය තියෙනවා. නාසයේ ස්පර්ශය තියෙනවා. දිවේ ස්පර්ශය තියෙනවා. කයේ ස්පර්ශය තියෙනවා. මනසේ ස්පර්ශය තියෙනවා. මේ ස්පර්ශයෙන් තමයි වින්දනය හටගන්නේ. ස්පර්ශයක් නැත්නම් වින්දනයක් නෑ. ඒ වින්දනය බුදුරජාණන් වහන්සේ විස්තර කරලා තියෙන්නේ දිය බුබුළක් වගේ වහා වැනසෙන එකක් කියලයි.

## දිය බුබුළක් වගේ වේදනාව....

වැස්ස වෙලාවක වතුරකට වැහි බිඳු වැටෙනකොට ඒ වතුරේ දිය බුබුළු හටගන්නවා. ඒ දිය බුබුළු වැඩි වෙලාවක් තියෙන්නේ නෑ. ඒවා බිඳිලා යනවා. බුදුරජාණන්

වහන්සේ දේශනා කරනවා මේ ඇහෙන් කනෙන් නාසයෙන් දිවෙන් කයෙන් මනසින් අරමුණු ගන්නකොට ඇතිවෙන විඳීමත් ඒ වගේ කියලා. නමුත් දිගට දිගට ඒක වෙනකොට අපිට තේරෙන්නේ ඒක වෙනස් නොවී පවතින දෙයක් හැටියටයි. දැන් අපි ගත්තොත් කෙනෙක් ගිනි බෝලයක් අරගෙන කරකවද්දි අපිට ඒක වළල්ලක් වගේ පේන්නේ. ඇත්තෙන්ම එතන වළල්ලක් නෑ. නමුත් අපිට වළල්ලක් පේනවා. අපි ඒකේ ෆොටෝ එකක් ගත්තොත් ඒ ෆොටෝ එකෙත් වළල්ල තියෙනවා. නමුත් එතන තියෙන්නේ එක ගිනි බෝලයක් ලණුවකින් ඇදලා කරකවන එකක්.

## ස්පර්ශය නිසයි විඳින්නේ....

මේ වගේ විඳීම කියන එකත් වහා වහා නැසී නැසී යන එකක් තියෙන්නේ. නමුත් අපිට තේරෙන්නේ දිගට තියෙනවා කියලයි. ඒකයි මේ තෘෂ්ණාව හටගන්නේ ඒක පවත්වන්න. ඇයි වින්දනය ලැබෙන එක පවත්වන්න අපි ආසා කරනවා. ඒක තමයි තෘෂ්ණාවේ ස්වභාවය. ලස්සන රූපයක් ඇහැට පේනකොට ඇහැයි රූපයයි විඤ්ඤාණයයි එකතු වෙනවා. ඇහැයි රූපයයි විඤ්ඤාණයයි එකතු වෙච්ච ගමන් ඒ රූපය විඳිනවා. කනයි ශබ්දයයි විඤ්ඤාණයයි එකතු වුනාම විඳින්නේ ශබ්දය. නාසයයි ගඳසුවඳයි විඤ්ඤාණයයි එකතු වුනහම විඳින්නේ ගඳ සුවඳ. දිවයි රසයයි විඤ්ඤාණයයි එකතු වුනහම විඳින්නේ රස. කයයි පහසයි විඤ්ඤාණයයි එකතු වුනාම විඳින්නේ පහස. මනසයි අරමුණුයි විඤ්ඤාණයයි එකතු වුනහම විඳින්නේ අරමුණු.

## සැප දුක් උපේක්ෂා වේදනා....

එතකොට මේ විදිහට විඳින්නේ ආශ්වාදනීය අරමුණක් නම් ඒකට ඇලී යනවා. ඒක තමයි තෘෂ්ණාව. ඊට පස්සේ ඒ තෘෂ්ණාවට අනුව තමයි එයා ඔක්කොම කල්පනා කරන්නේ. සැප වේදනා, දුක් වේදනා, උපේක්ෂා වේදනා කියලා විඳීම් තුනක් ගැන ධර්මයේ විස්තර කරනවා. බුදුරජාණන් වහන්සේ දේශනා කරනවා මේ කොයි වේදනාව ගත්තත් එක්කෝ ඒ වේදනාව ඇහේ ස්පර්ශයෙන් හටගත්තු විඳීමක්. එහෙම නැත්නම් කනේ ස්පර්ශයෙන් හටගත්තු විඳීමක්. එහෙම නැත්නම් නාසයේ ස්පර්ශයෙන් හටගත්තු විඳීමක්. එහෙම නැත්නම් දිවේ ස්පර්ශයෙන් හටගත්තු විඳීමක්. එහෙම නැත්නම් කයේ ස්පර්ශයෙන් හටගත්තු විඳීමක්. එහෙම නැත්නම් මනසේ ස්පර්ශයෙන් හටගත්තු විඳීමක්.

මේ විඳීම බුද්ධ දේශනාවේ තියෙන්නේ දිය බුබුළක් ඇති වෙලා නැති වෙනවා වගේ කියලයි. සුළු දෙයක් හරහා සිත ඇදිලා ගිහිල්ලා දැන් අපිට මේ ගැලවෙන්න බැරි විදිහටම අහුවෙලා ඉන්නේ. නමුත් බැලූ බැල්මට අපිට හිතුනේ නෑ මේක දිය බුබුළක් වගේ ඇති වෙවී නැති වෙවී යනවා කියලා. මොකද හේතුව? මේ විඳීමේ ඇත්ත ස්වභාවය වැටහුනේ නැති නිසා. ඇයි හිතෙන් මවලා දෙනවනේ මහ විසාල දෙයක්.

## විඤ්ඤාණය නමැති මායාව....

බුද්ධ දේශනාවේ විඤ්ඤාණය විස්තර කරන්නේ මායාවක් හැටියට. එතකොට ඒ මායාව විඳීමට එකතු වෙලා නැද්ද? ඇයි වින්දනයක් හටගන්නේ ස්පර්ශයෙන්.

එතකොට ස්පර්ශය කිව්වහම ආධ්‍යාත්මික ආයතන හයයි, බාහිර ආයතන හයයි, විඤ්ඤාණයයි එකතු වෙලා. ඒ කියන්නේ එහෙනම් විඤ්ඤාණය නමැති මායාව එකතු වෙලානේ. විඳීම හටගන්නකොට ම ඒ විඳීමත් එක්කම මේ මායාව තියෙනවා. ඒ විඳීමත් එක්ක තියෙන මායාව නිසා තමයි හිත මේකට ඇදීලා යන්නේ. මහා පින්වන්ත වීරයෝ වීරියෙන් නුවණින් ඒක වෙනස් කරගන්නවා. හීන වීරිය ඇති කෙනාට මුකුත් කරන්න බෑ.

බුද්ධ කාලේ හිටියා මහාකාල චූලකාල කියලා සහෝදරයෝ දෙන්නෙක්. මේ දෙන්නම කසාද බැඳපු අය. ඒ දෙන්නා බිස්නස් යන ගමන් සැවැත් නුවරටත් ගියා. ගිහිල්ලා බුදුරජාණන් වහන්සේගෙන් ධර්මය අහලා මේ අයියා පැහැදුනා. පැහැදිලා පැවිදි වුනා. පැවිදි වුනා කියලා මේ යන රටාව නවතින්නෙ නෑනේ. මේ රටාව ඒ විදිහටම තියෙනවා. එහෙනම් ඒක නවත්තගන්න තියෙන්නේ ධර්මයෙන්.

## මමත් අයියත් එක්කම මහණ වෙනවා....

ඉතින් ඒ මහාකාල ස්වාමීන් වහන්සේ ඒ ධර්ම මාර්ගය වඩන්න පටන් ගත්තා. එතකොට චූලකාල කල්පනා කළා 'මමත් ගෙදර යන්නේ නෑ.... මමත් අයියත් එක්කම මහණ වෙනවා....' කියලා මෙයත් මහණ වුනා. මල්ලි මහණ වුනාට මාර්ගය වැඩුවේ නෑ. දැන් ඔන්න ඔහොම වෙලා දවසක් මේ චූලකාල ස්වාමීන් වහන්සේ චාරිකාවේ වඩිද්දි තමන්ගේ ගමට ගියා. ගියාම එයා බැඳලා හිටපු නෝනා ආරාධනා කළා ගෙදර දානෙට එන්න කියලා. පහුවදා ගෙදර දානෙට ගියා.

දානෙ වැළඳුවා. බණත් කිව්වා. යන්න ලෑස්ති වුනා. එතකොට නෝනා ඉස්සරහට ආවා. 'ආ... දැන් ආපහු යැව්ලි බොරු. අපිව දාලා අපිට හොරෙන් ගිහිල්ලා මහණකම් කොරන්න. ඇඳගතින් මේවා' කියලා සරම් කමිස දුන්නා. ඊට පස්සේ මොකද වුනේ නිකම් හැව ගලවන්නැහේ සිවුර අයින් කළා. අයින් කරලා ඔන්න සරම් කමිස ඇඳගෙන ගෙදර ඉන්නවා දැන්.

## නංගියේ... මාත් කරන්නම් ඔය වැඩේ....

එතකොට අයියගෙ උන්දැත් 'නංගියේ.... නියම වැඩේ. මාත් අපේ එක්කෙනාව ඔය විදිහටම ගෙන්න ගන්නම්' කිව්වා. කියලා ඔන්න ආරාධනා කළා ගෙදරට දානෙට වඩින්න කියලා. ආරාධනා කළහම බුදුරජාණන් වහන්සේ ළඟට ගිහිල්ලා කිව්වා 'මෙන්න මෙහෙම ස්වාමීනී, මල්ලි සිවුරු ඇරලා. දැන් ඔන්න අපේ ගෙදරිනුත් ආරාධනාවක් කළා දානෙට වඩින්න කියලා. භාග්‍යවතුන් වහන්ස, මං වඩින්නද...?' කියලා ඇහුවා. බුදුරජාණන් වහන්සේ වඩින්නෙයි කිව්වා. ඇයි උන්වහන්සේ දන්නවා මේ රහතන් වහන්සේ නමක්. හොල්ලන්න බෑ. ඇයි අර තෘෂ්ණා ගඟ ගලන්නෙ නෑ. පටිච්ච සමුප්පාදය නෑ. ඔන්න පහුවදා ඒ ගෙදරට වැඩියා. බුදුරජාණන් වහන්සේ දානෙ වළඳලා ඉවර වෙලා මහාකාල තෙරුන්ට 'මහාකාල, එහෙනම් ඔබම අද ධර්මය කියන්න' කියලා බුදුරජාණන් වහන්සේ සංඝයාත් එක්ක පිටත් වුනා.

## මෝඩ මිනිස්සු ඉක්මනටම කලබල වෙනවා....

දන්නෙ නැති මිනිස්සු කලබල වුනා 'හරි වැඩේනේ..... කලිනුත් ඔහොම තමයි දානෙට ඇවිල්ලා

බණ කියන්න නතර වෙලා මේ විපත්තිය වුනේ. ඔන්න දැන් බුදුරජාණන් වහන්සේ මේ උන්නාන්සේව නතර කොරලම ගියා' කියලා. මෝඩ මිනිස්සු ඉක්මනටම කලබල වෙනවා අර්ථය හොයාගන්න බැරුව. දැන් ඔන්න බණ කියලා යන්න ලෑස්ති වුනාම අර නෝනලා ටික 'ආහා... එහෙම යැව්ලි කොහෙද... හා දැන් මේක ඇඳගන්න' කියලා සරම් කමිස දුන්නා. එතකොට මොකද වුනේ? උන්වහන්සේ ටික ටික පොළවෙන් උඩට ඉස්සිලා අහසට ගියා. ගෑණු ටික බලන් හිටියා කට ඇරන්. ගෑණුන්ගේ උපාය වැරදුනා.

## පුද්ගලයා රැඳිලා ඉන්නේ තණ්හාවෙන්....

අර කලින් හිටපු උන්නාන්සේ අහුවුනේ මොකක් නිසාද? ඒ පටිච්ච සමුප්පාදය තමන් තුළ ක්‍රියාත්මක වෙද්දි ඒකට එරෙහිව උපදවා ගත්තු ධර්මයක් නෑ. මාර්ග යක් නෑ. ඒකයි. ඒකෙන් හරි පැහැදිලිව පේනවා මේ පුද්ගලයා රැඳිලා ඉන්නේ තෘෂ්ණාවෙන්. කොහොමද තෘෂ්ණාවෙන් රැඳිලා ඉන්නේ? ආශ්වාදනීය අරමුණට හිත ඇදී ගිහිල්ලා. මේ විඳින දේට සිත ඇදිලා ගිහින් තමයි තෘෂ්ණාව හටගන්නේ. එතකොට විඳින දෙයක් තියෙනකම් තෘෂ්ණාව හටගන්නවා. **වේදනා පච්චයා තණ්හා.**

ඊට පස්සේ විපස්සී බෝසතාණන් වහන්සේ නුවණින් විමසනවා මේ විඳීම හටගන්නේ කුමක් නිසාද? කියලා. එතකොට විපස්සී බෝසතාණන් වහන්සේට ප්‍රඥාවෙන් අවබෝධ වෙනවා විඳීම තියෙන්නේ ස්පර්ශය නිසා කියලා. මේ ස්පර්ශය බුද්ධ දේශනාවේ විස්තර කරනවා සය ආකාරයකට. ඇසේ ස්පර්ශය, කනේ ස්පර්ශය,

නාසයේ ස්පර්ශය, දිවේ ස්පර්ශය, කයේ ස්පර්ශය, මනසේ ස්පර්ශය. මේ හේතුඵල ධර්මතාවය හේතුඵල විදිහටම බලන්න ඕනෙ. මගේ ස්පර්ශය කියලා බැලුවොත් ඔන්න වැරදුනා. සුමනාගේ ස්පර්ශය, සුජාතාගේ ස්පර්ශය කියලා බැලුවොත් වැරදුනා. වැටහෙන්නෙ නෑ එතකොට.

## ආයතන හය යම් තැනකද එතන ස්පර්ශය....

මේක වැටහෙන්න නම් කොහොමද බලන්න තියෙන්නේ? ඇසේ ස්පර්ශය, කනේ ස්පර්ශය ආදී වශයෙන්. මේ ලෝකයේ යම් තැනක ඇසක් තියෙනවද එතන ඇසේ ස්පර්ශය තියෙනවා. යම් තැනක මේ ලෝකයේ කනක් තියෙනවද එතන කනේ ස්පර්ශය තියෙනවා. මේ ලෝකයේ යම් තැනක නාසයක් තියෙනවද එතන නාසයේ ස්පර්ශය තියෙනවා. මේ ලෝකයේ යම් තැනක දිවක් තියෙනවද එතන දිවේ ස්පර්ශය තියෙනවා. මේ ලෝකයේ යම් තැනක ශරීරයක් තියෙනවද එතන කයේ ස්පර්ශය තියෙනවා. මේ ලෝකයේ යම් තැනක හිතක් තියෙනවද එතන මනසේ ස්පර්ශය තියෙනවා.

අපිට පේනවා මේ චූටි සත්තු ඉන්නවා. ලොකු සත්තු ඉන්නවා. මුහුදේ සත්තු ඉන්නවා. ඒ සත්තුන්ටත් මේ ඇස, කන, නාසය, දිව, කය, මනස කියන ආයතන හය තියෙනවා. එහෙනම් ඒ සතාටත් ඒ විදිහටම ස්පර්ශය තියෙනවා. ඊළඟට විවිධ ජාතීන් ඉන්නවා මිනිස්සු අතර. ඒ හැමෝටමත් ඒ විදිහටම ස්පර්ශය තියෙනවා. ස්පර්ශය කියන්නේ මොකක්ද? **තිණ්ණං සංගති ඵස්සෝ.** තුනක එකතුවීම ස්පර්ශයයි. සංගති කියන්නේ එකතුවීම. මට

මතකයි අපි පොඩි කාලේ ඉගෙන ගත්තේ අරමුණු ගැටීම ස්පර්ශයයි කියලා. මේකේ අරමුණු ගැටීමක් නෙමෙයි වෙන්නේ. අරමුණු එකතුවීම. මං හිතන්නේ ඒ කාලේ ගැටීම කියලා අදහස් කරන්න ඇත්තෙත් ඒ වචනෙ තමයි. නමුත් අපට තේරුනේ නෑ.

## කරුණු තුනක එකතුවීම ස්පර්ශයයි....

ඇසේ ස්පර්ශය කියන්නේ ඇසයි, රූපයයි, විඤ්ඤාණයයි එකතුවීම. කනේ ස්පර්ශය කියන්නේ කනයි, ශබ්දයයි, විඤ්ඤාණයයි එකතුවීම. නාසයේ ස්පර්ශය කියන්නේ නාසයයි, ගඳසුවඳයි, විඤ්ඤාණයයි එකතුවීම. දිවේ ස්පර්ශය කිව්වේ දිවයි, රසයයි, විඤ්ඤාණයයි එකතුවීම. කයේ ස්පර්ශය කියන්නේ කයයි, පහසයි, විඤ්ඤාණයයි එකතුවීම. මනසේ ස්පර්ශය කියන්නේ මනසයි, අරමුණුයි, විඤ්ඤාණයයි එකතුවීම. ස්පර්ශය හටගන්නේ ඔය හයේ.

ස්පර්ශය හටගන්නේ යම් තැනකද විඳීම හටගන්නේ එතන. විඳීම හටගන්නේ යම් තැනකද තණ්හාව හටගන්නේ එතන. තණ්හාව හටගන්නේ යම් තැනකද උපාදාන හටගන්නේ එතන. උපාදාන හටගන්නේ යම් තැනකද භවය හටගන්නේ එතන. භවය හටගන්නේ යම් තැනකද උපදින්නේ එතන. යම් තැනක උපතක් තියෙනවද එතන ජරාමරණ තියෙනවා. එතකොට එහෙම නම් දැන් බලන්න මේ ආයතන හයේම භවය හැදෙනවා. ආයතන හයේම තෘෂ්ණාව හැදෙනවා. ආයතන හයේම විඳීම හැදෙනවා. ආයතන හයේම ස්පර්ශය හැදෙනවා.

## හම ගහපු ගවදෙන වගේ....

ස්පර්ශයෙන් ගැලවෙන්න බෑ කියන කාරණය බුදුරජාණන් වහන්සේ උපමාවකින් පෙන්නුවේ හම ගහපු ගවදෙන වගේ කියලා. අපේ නිකම් පොඩි තුවාලයක් ආවොත් කල්පනා කරලා බලන්න මැස්සන්ගෙන් කෝඳුරුවන්ගෙන් බේරන්න තියෙන අමාරුව. එතකොට ගවදෙනක් පණ පිටින් ඉන්දෙද්දි මුළු හමම ගලවලා නම් බේරෙන්න තැනක් තියෙනවද? ඒ ගවදෙනට වතුරට බහින්න බෑ වතුරේ ඉන්න සත්තු හපනවා. ගහකට හේත්තු වෙන්න බෑ ගහේ ඉන්න සත්තු හපනවා. එළිමහනේ ඉන්නත් බෑ එළිමහනේ ඉන්න සත්තු හපනවා. මේ වගේ කියනවා ස්පර්ශය. ස්පර්ශය හටගත්තට පස්සේ විඳීමෙන් මග අරින්න බෑ. ස්පර්ශය හටගත්තහම විඳීමත් ඇතිවෙනවාමයි.

## ස්පර්ශය හටගන්නේ ආයතන හය නිසයි....

ඊළඟට ඒ විපස්සී බෝසතාණන් වහන්සේ ආයෙ විමසන්න ගත්තා මේ ස්පර්ශය ඇතිවන්නේ කුමක් නිසාද? කියලා. එතකොට ඒ විපස්සී බෝසතාණන් වහන්සේට අවබෝධ වුනා ස්පර්ශය ඇතිවන්නේ ආයතන හය නිසා. **සළායතන පච්චයා ඵස්සෝ.** මොනවද ඒ ආයතන හය? ඇස, කන, නාසය, දිව, කය, මනස. දැන් ආයෙ කල්පනා කරන්න ස්පර්ශය ගැන. **තිණ්ණං සංගති ඵස්සෝ.** කරුණු තුනක එකතුවීම ස්පර්ශයයි. ඒ තමයි ඇසයි රූපයයි විඤ්ඤාණයයි එකතුවීම ඇසේ ස්පර්ශය.

එතකොට විපස්සී බෝසතාණන් වහන්සේ අවබෝධ කරගත්තා මේ ස්පර්ශය හටගන්නේ ආයතන

හය නිසා කියලා. එතකොට ඇසක් තිබීම නිසයි ඇසේ ස්පර්ශය ඇතිවුනේ. ඇසයි රූපයයි විඤ්ඤාණයයි එකතුවීම ඇසේ ස්පර්ශයයි. විඤ්ඤාණය කොහොමද එතනට ආවේ? දේශනාවේ තියෙනවා **"ද්වයං භෝ පටිච්ච භික්ඛවේ විඤ්ඤාණස්ස සම්භවෝ හෝති"** මහණෙනි, දෙකක් නිසා විඤ්ඤාණය උපදී. **"චක්ඛුඤ්ච පටිච්ච රූපේ ච උප්පජ්ජති චක්ඛු විඤ්ඤාණං"** ඇසත් රූපයත් නිසා ඇසේ විඤ්ඤාණය උපදී. **"තිණ්ණං සංගති ඵස්සෝ"** ඒ තුනේ එකතුවීම ස්පර්ශයයි.

## විඤ්ඤාණය සය ආකාරයි....

එතකොට විඤ්ඤාණය උපදින්නේ තුනක් නිසා නෙමෙයි. දෙකක් නිසා. මොකක්ද ඒ දෙක? ඇසයි රූපයයි නිසා ඇසේ විඤ්ඤාණය උපදිනවා. කනයි ශබ්දයයි නිසා කනේ විඤ්ඤාණය උපදිනවා. නාසයයි ගඳසුවඳයි නිසා නාසයේ විඤ්ඤාණය උපදිනවා. දිවයි රසයයි නිසා දිවේ විඤ්ඤාණය උපදිනවා. කයයි පහසයි නිසා කයේ විඤ්ඤාණය උපදිනවා. මනසයි අරමුණුයි නිසා මනසේ විඤ්ඤාණය උපදිනවා.

දැන් මෙහෙම කල්පනා කරන්න. ඇසයි රූපයයි නිසා ඇසේ විඤ්ඤාණය උපදිනවා. එතකොට එතන කීයක් තියෙනවද? තුනයි. ඇසයි රූපයයි ඇසේ විඤ්ඤාණයයි. මේක හොඳට තේරුම් ගන්න. එතකොට ඇසේ විඤ්ඤාණය උපදින්න හේතු වුනේ කරුණු දෙකයි. ඒ තමයි ඇසයි රූපයයි. ඇසත් රූපයත් නිසා ඇසේ විඤ්ඤාණය ඉපදුනා. එතකොට තුනයි. ඒ තුනේ

එකතුවීම තමයි ස්පර්ශය. ඒ එකතුවීම නිසයි විඳීම හටගන්නේ.

## විස්මිත හෙළිදරව්ව....

ඔන්න කනට ශබ්දයක් ඇහෙනවා. එතකොට කනේ විඤ්ඤාණය හටගන්නවා. ඒ තුනේ එකතුවීම කනේ ස්පර්ශයයි. නාසයට ගඳසුවඳක් දැනෙන කොට නාසයේ විඤ්ඤාණය හටගන්නවා. ඒ තුනේ එකතුවීම නාසයේ ස්පර්ශයයි. දිවට රසයක් දැනෙනවා. එතකොට දිවේ විඤ්ඤාණය හටගන්නවා. ඒ තුනේ එකතුවීම දිවේ ස්පර්ශයයි. කයට පහසක් දැනෙනවා. එතකොට කයේ විඤ්ඤාණය හටගන්නවා. ඒ තුනේ එකතුවීම කයේ ස්පර්ශයයි. මනසට අරමුණක් එනවා. එතකොට මනසේ විඤ්ඤාණය හටගන්නවා. ඒ තුනේ එකතුවීම මනසේ ස්පර්ශයයි.

## විඤ්ඤාණය උපදින්නේ බාහිර තැනක නෙමෙයි....

එතකොට දැන් අපි ඇසේ විඤ්ඤාණය, කනේ විඤ්ඤාණය, නාසයේ විඤ්ඤාණය, කියලා කියනවා. මේ විඤ්ඤාණය හටගන්නේ කොහෙද? දැන් ඔන්න බලාගන්න බුද්ධ දේශනාවේ විස්තර කරන හැටි. **චක්ඛුං ච පටිච්ච රූපේ උප්පජ්ජති චක්ඛුවිඤ්ඤාණං.** ඇසත් රූපයත් නිසා උපදින්නේ ඇසේ විඤ්ඤාණයයි. එහෙනම් විඤ්ඤාණය කොහෙද උපදින්නේ? ඇසේ. විඤ්ඤාණය උපදින්නේ රූපයේ නෙමෙයි. ඊළඟට විඤ්ඤාණය උපදින්නේ කොහෙද? කනේ. ඊළඟට විඤ්ඤාණය

උපදින්නේ කොහෙද? නාසයේ. ඊළඟට විඤ්ඤාණය උපදින්නේ කොහෙද? දිවේ. ඊළඟට විඤ්ඤාණය උපදින්නේ කොහෙද? කයේ. ඊළඟට විඤ්ඤාණය උපදින්නේ කොහෙද? මනසේ. එහෙනම් විඤ්ඤාණය බාහිර තැනක උපදින්නේ නෑ. මේ ආයතන හයේ තමයි විඤ්ඤාණය උපදින්නේ.

## අසිරිමත් සම්බුදු නුවණ....

දැන් අපි අපේ ජීවිතේ අපි පොඩි කාලේ, එහෙමත් නැත්නම් අපේ තරුණ වයසේ, එහෙම නැත්නම් අපි මේ ධර්මය ඉගෙන ගන්න කලින් අපිට තේරුනාද රූපයක් බලද්දි ඇහේ විඤ්ඤාණය ඉපදිලා මෙහෙම සිද්ධියක් වෙනවා කියලා. දන්නෙ නෑ. ශබ්දයක් කනෙන් අහද්දි අපට තේරුනාද කනේ විඤ්ඤාණය ඉපදිලා මෙහෙම සිදුවීමක් වෙනවා කියලා. නෑ. නාසයෙන් ආඝ්‍රාණය කරද්දි අපට තේරුනාද නාසයේ විඤ්ඤාණය හරහා මෙහෙම වෙනවා කියලා. නෑ. දිවෙන් රස විඳිද්දි අපට තේරුනාද දිවේ විඤ්ඤාණය හරහා මෙහෙම වෙනවා කියලා. නෑ. කයට පහස දැනෙද්දි අපට තේරුනාද කයේ විඤ්ඤාණය හරහා මෙහෙම දෙයක් වෙනවා කියලා. නෑ.

## ධර්මය නිසා මේ ඔක්කොම දැනගත්තා....

මනසට අරමුණු එද්දි අපි හිත හිතා හිටියා. එක්කෝ ඒ අරමුණ රාග සහිත අරමුණක්. අපි ඒ අරමුණ ඔහේ සරාගී විදිහට හිත හිත හිටියා. එහෙම නැත්නම් ඒක ද්වේශ සහිත අරමුණක්. අපි ඔහේ ද්වේශයෙන් පුපුර පුපුරා අපි ඒක කල්පනා කර කර හිටියා. එහෙම නැත්නම්

නිකම් මුළා වෙච්ච අරමුණක්. මුළාවට පත්වෙවී අපි හිත හිත හිටියා. නමුත් අපි දැනගෙන හිටියේ නෑ මෙහෙම සිද්ධි මාලාවක් අපේ ජීවිතය තුළ වෙමින් තියෙනවා කියලා. ධර්මය ඉගෙන ගන්නකම් ම අපි මේක දැනගෙන හිටියේ නෑ. දැන් අපට මේක අවබෝධ වුනේ නැතත් අපි අහලා නැද්ද දැන් මෙහෙම දෙයක් අපේ ජීවිත තුළ වෙනවා කියලා.

මම මේ කියපු හැම එකක්ම අයිති දුකට. අපේ ජීවිතේ දුක නමැති ඇන්ජිමේ කැලි තමයි මේ ගලව ගලව බලන්නේ. එහෙම බලනකොට තමයි අපට තේරුම් ගන්න පුළුවන් වෙන්නේ මේක මැවුම්කාරයෙකුගේ වැඩක් නෙමෙයි. මේක ඉබේ හටගත්තු දේකුත් නෙමෙයි. මේක මේ හේතු සමූහයක් නිරන්තරයෙන් නොනවත්වා වැඩ කිරීමෙන් සිදුවෙන එකක් කියලා. මේ ආයතන හය තමයි මේ දුකට වුවමනා කරන දොරටු සැපවුවේ. ඇහෙන් නෙමෙයිද අපට මේ රූප දකින්න පාර කැපුවේ?

## සඤ්ඤාව ප්‍රකට නැති සත්ව ලෝක....

ඔබ හිතන්න එපා ඇහැ නොපෙනුනොත් අපේ ප්‍රශ්නෙ ඉවර වෙයිනේ, කන් දෙක ඇහෙන්නෙ නැත්නම් අපේ ප්‍රශ්නෙ ඉවරනේ කියලා. ඇයි මේ ලෝකෙ තියෙනවා සමහර උප්පත්ති බුදුරජාණන් වහන්සේ දේශනා කරලා තියෙනවා ඒවට අසඤ්ඤ සත්ත කියලා. අසඤ්ඤසත්ත කියන්නේ සඤ්ඤාවක් ගන්නෙ නෑ. නමුත් එතන ඉපදිලා ඉන්නවා. දැන් අපට සඤ්ඤාවක් ගන්නෙ නැති අවස්ථාවක් තිබුනොත් ඒ මොන වගේ

අවස්ථාවක්ද? අපි ගැඹුරු නින්දේ ඉන්නවා කියමු. දැන් සමහර අවස්ථාවල් වලදී ඔපරේෂන් වලට එහෙම ඔබව සිහි නැති කරහම ඔබට ගැඹුරු නින්දක් ගියා වගේනේ. ඇහැරිච්ච ගමන් ප්‍රශ්න ටික ආපහු ඒ විදිහටම තියෙනවා.

## හිතයි කයයි නිසානේ අපි මේ දුක් විඳින්නේ....

මේ වගේ සමහරු හිතනවා 'මේ ආයතන හය නිසානේ අපි මේ දුක් විඳින්නේ' එක්කෝ හිතනවා 'මේ සිතයි කයයි නිසානේ අපි මේ දුක් විඳින්නේ. එහෙනම් සිතත් කයත් නැත්නම් මේ දුක නැහැ නොවැ' කියලා කෙනෙක් කල්පනා කරනවා. බැලූ බැල්මට මේ ජීවිතේ ගැන එහෙම එකක් තමයි අපිට පේන්නේ. ඇයි අපි හිතකින් හිතනවා. කයක් පාවිච්චි කරනවා. එතකොට කයටත් දුක් ලැබෙනවා. හිතටත් දුක් ලැබෙනවා. එතකොට කයටත් දුක් ලැබෙද්දි සිතටත් දුක් ලැබෙද්දි අපිට හිතෙනවා 'අනේ මේ දුක් ඇතිවෙන්නේ හිතන නිසානේ. මේ හිතත් නැත්නම් කයකුත් නැත්නම් අපි මේකෙන් නිදහස්නේ' කියලා හිතලා සමහරු මොකද කරන්නේ මේ සිත කය අරමුණු නොවෙන්න සමාධිය වඩනවා.

## විභව තණ්හාව....

ඒ විදිහට සමාධිය දියුණු කරාම එයාට කය දැනෙන්නෙත් නෑ. සිත දැනෙන්නෙත් නෑ. එතකොට ඒ සමාධියෙන් ඉන්න වෙලාවට එයාට තේරෙන්නේ කයත් නිරුද්ධයි සිතත් නිරුද්ධයි කියලා. ආයෙත් එයා

සමාධියෙන් මිදෙනවා. මිදුනට පස්සේ අර තින්දෙන් අවදි වෙනවට වඩා එයාට ටිකක් වෙනසක් තියේවි. අලුත් බවක් තියේවි. ෆ්‍රෙෂ් ගතියක් තියේවි. එතකොට එයා රැවටෙනවා එහෙනම් මං ඇතිකර ගත්තු සමාධිය හරි කියලා. ඊට පස්සේ එයා ආසා කරනවා ඒකට. එතන තියෙන්නේ විභව තණ්හාව.

යම් ආකාරයකින් යම් තැනක තෘෂ්ණාවක් ඇද්ද එතන උපාදානය තියෙනවා. උපාදානය යම් තැනක ඇද්ද එතන භවය තියෙනවා. භවය යම් තැනක ඇද්ද විපාක පිණිස කර්ම හැදෙනවා එතන. ඊට පස්සේ උපදිනවා සඤ්ඤාවක් නැති ලෝකෙක. දැන් බලන්න බුදු කෙනෙකුට මිසක් මෙහෙම සඤ්ඤාවක් නැති ලෝකයක් තියෙනවා කියලා වෙන කවුරු නම් මේක හොයාගන්නද? සාමාන්‍ය ලෝකයට මේක යන්තම්වත් ගෝචර වෙන්නේ නෑ.

## බුදුරජුන්ගේ විස්මිත ප්‍රඥාව....

දැන් අපි ගත්තොත් කළුවර ආකාසේ කිසිම උපකරණයකින් ජීවියෙක් පේන්නෙ නෑ. එතකොට එතන ඉපදීමක් තියෙනවා, ඉපදිච්ච සත්වයෝ ඉන්නවා කියලා ලෝකෙ වෙන කවුරුවත් දැනගනියිද? බුදුරජාණන් වහන්සේ ඒක දැනගත්තනෙ මෙතනත් ඉපදිච්ච සත්වයෝ ඉන්නවා කියලා. සඤ්ඤාවක් නැති ලෝක තියෙනවා. ඒ ලෝකයේ කර්ම විපාකය තියෙනකම් ඉඳලා එයා ඒකෙන් ආයෙත් චුත වෙනවා. චුත වුනාට පස්සේ මොකද වෙන්නේ? චුතියක් යම් තැනකද උපතක් එතන තියෙනවා.

මේ ස්වභාවය නිසා ඇස, කන, නාසය, දිව, කය, මනස කියන ආයතන හයෙන් නිදහස් වෙන්න නම් ආයතන හය උපද්දවන රටාවෙන්ම නිදහස් වෙන්න ඕනෙ. දැන් ඔන්න අපි පෙර ආත්මේ කොහේ හරි ලෝකෙක ජීවත් වෙලා ඉඳලා අපි මැරුනා. කලින් ආත්මේ නොමැරෙන්න මේ ආත්මේ උපදිනවද? නෑනේ. අපි දන්නෙ නෑ අපි පෙර ආත්මේ කොහේ හිටියද? මක් වෙලාද අපි මළේ? කියලා. මැරිලා කර්මානුරූපව (ඒ කිච්චේ භවයට අනුව, කර්ම විපාක හැදිලා තියෙන රටාවට අනුව) මව්කුසකට ගියා. මොකක්ද ගියේ? විඤ්ඤාණය.

## දිවියේ සැබෑ තතු....

ඒ විඤ්ඤාණය මව්කුසකට ගිහින් ඒ මව්කුසේදි අනිත් කරුණු කාරණා එකතු වෙලා ඇහැක් හැදුනා. කනකුත් හැදුනා. නාසයකුත් හැදුනා. දිවකුත් හැදුනා. කයකුත් හැදුනා. මනසකුත් හැදුනා. හැදිලා අපි බිහිවුනා. බිහිවුනාට පස්සේ අපි ඇස් ඇරලා බලනවා. එතකොට ඇහැයි රූපයි එකතු වෙනකොටම විඤ්ඤාණය උපදිනවා. කනයි ශබ්දයයි එකතු වෙනකොටම විඤ්ඤාණය උපදිනවා. නාසයයි ගඳසුවඳයි එකතු වෙනකොටම විඤ්ඤාණය උපදිනවා. දිවයි රසයයි එකතු වෙනකොටම විඤ්ඤාණය උපදිනවා. කයයි පහසයි එකතු වෙනකොටම විඤ්ඤාණය උපදිනවා. මනසයි අරමුණයි එකතු වෙනකොට විඤ්ඤාණය උපදිනවා.

## සීල සංවරය....

එතකොට ආයතන හය නිසා තමයි අපට මේ ස්පර්ශය ඇතිවුනේ. දැන් අපට බේරෙන්න බෑ. හැබැයි

බේරෙන්න ක්‍රමයක් බුදුරජාණන් වහන්සේගේ ධර්මය තුළ විස්තර කරනවා. දැන් අපි ගත්තොත් මේ වෙද්දි අපි ගොඩාක් පව් වලින් වැළකිලා ඉන්නේ සීලය නිසා. සීලය කියලා දෙයක් බුදුරජාණන් වහන්සේ ඉගැන්නුවේ නැත්නම් අපි මේ වෙද්දි ගොඩාක් පව් කරගත්තු අය නෙමෙයිද? වචනයෙන් හොඳ හැටියට පොට්ටනි බැඳලා මේ වෙද්දි. සීලයක් නොතිබුනා නම් මේ වෙද්දි කයෙන් හොඳට අකුසල් රැස්කරගෙන.

## අසංවර වෙච්ච කැලෑ සත්තු හය දෙනා....

එතකොට බලන්න සීලයෙන් සෑහෙන්න අකුසල් වළක්වලා තියෙනවා. බුදුරජාණන් වහන්සේ මේ ඇස, කන, නාසය, දිව, කය, මනස කියන ආයතන හය පෙන්වලා තියෙන්නේ අසංවර වෙච්ච කැලෑ සත්තු වගේ කියලා. එතකොට මේ අසංවර වෙච්ච කැලෑ සත්තු හය දෙනෙක් නම් කෙනෙක් ගාව ඉන්නේ ඒ කෙනා නිතරම කරදරේමයි වැටෙන්නේ. බුදුරජාණන් වහන්සේගේ කාලේ වැඩ හිටපු රහතන් වහන්සේලාගේ ආයතන හය ගැන විස්තර කරලා තියෙන්නේ දක්ෂ රියදුරෙක් විසින් මනාකොට දමනය කරපු අශ්වයෝ හය දෙනෙක් වගේ කියලයි.

දක්ෂ රියදුරා තමයි දියුණු කරපු සිහිය. අස්පයෝ හයදෙනා තමයි දමනයට පත්වෙච්ච ඇස, කන, නාසය, දිව, කය, මනස. එතකොට මේ දමනය පත්වෙච්ච අශ්වයෝ හයදෙනා වගේ තත්වයට මේ ආයතන හය පත්වුනේ දක්ෂ රියදුරා නිසා. සාමාන්‍ය ලෝකයාට පුහුණු කරුවෙක් නෑ. කැලෑ සත්තු හය දෙනෙක් ඉන්නේ. මේ

මාධ්‍ය වලින් හැම තිස්සේම කරන්නේ මේ කැලෑ සත්තු හයදෙනා පුහුණු කරන එක නෙමෙයි තව තව අවුස්සන එකයි.

## මේ පිරිහීමට උදව් කරන්නේ මාධ්‍ය විසින්....

අවුස්සන්න අවුස්සන්න මොකද වෙන්නේ මේ සත්තු ඉබාගාතේ පෙරලගෙන සිතුනු දිසාවේ යනවා. මේක තමයි දැන් මේ ලෝකයේ තියෙන්නේ. මේ ඇස, කන, නාසය, දිව, කය, මනස කියන කැලෑ සත්තු හයදෙනා දමනය කරන්නෙ නැතුව අවුස්සන්න අවුස්සන්න මොකද වෙන්නේ යම් ගුණයක් ඇද්ද ඒක නැතිවෙලා යනවා. මං ඔබට කාලයක් තිස්සේ කිව්වා නේද එන්න එන්න පිරිහීගෙන යනවා මිසක් දියුණුවක් බලාපොරොත්තු වෙන්න එපා කියලා. ඒක එන්න එන්න ඇත්ත වෙනවා.

ඒ වචනෙට අභියෝග කරන්න බෑ 'මේ ස්වාමීන් වහන්සේ ඉස්සර කිව්වා එන්න එන්න පිරිහීගෙන යනවා කියලා. මොන පිරිහීමක්ද මේ හොඳට දියුණු වෙන්නේ' කියලා කටක් ඇරලා කියන්න බෑ. ඒක මගේ අනාවැකියක් නෙමෙයි. බුද්ධ දේශනාවේ තියෙනවා පිරිහීගෙන යනවා කියලා. මේ පිරිහීගෙන යන ලෝකයේ දියුණුවක් බලාපොරොත්තු වෙනවට වඩා හොඳයි ඉබ්බන්ගෙන් පිහාටු බලාපොරොත්තු වීම. දැන් අපට තේරෙනවනෙ අපි ධර්මය කිව්වට මේ ධර්මය දශම ගණනකට යන්නෙ නෑ.

## අසභ්‍ය දේවල්මයි ඉස්මතු කර කර පෙන්වන්නේ....

විශාල හානියක් තියෙන්නේ. අසභ්‍ය දේවල්මයි ඉස්මතු කර කර හැම මාධ්‍යයකින්ම පෙන්නන්නේ. ඒ අතර ඒ මාධ්‍යයෙන්ම මිනිස්සු විනාසයට පත්වීමත් පෙන්වනවා. 'මෙන්න මෙයා විනාසයට පත්වුනා. මෙයා දූෂණයට ලක්වුනා. ඝාතනයට ලක්වුනා' කියලා ඒ මාධ්‍යය ම උසිගන්වනවා. හිතාගන්න බෑ මේ තියෙන පරිහානිය. දැන් බලන්න ඉස්සර කාලේ හිටපු මිනිස්සුන්ගේ වෙනස.

මම එක ලිපියක දැක්කා එක්දාස් අටසිය අනූ ගණන් වල සුද්දෙක් වාර්තාවක් ලියලා තියෙනවා අනුරාධපුරයේ විස්තරයක්. ඒ ලිපියේ කියන විදිහට ඒ කාලේ අනුරාධපුරේ කච්චේරිය තිබිලා තියෙන්නේ ඔය රුවන්වැලි සෑයත් ශ්‍රී මහා බෝධියත් අතර. මොකද රුවන්වැලි සෑයත් ශ්‍රී මහා බෝධියත් අතර තමයි ඉස්සර තිබිලා තියෙන්නේ කඩපොල. වලිසිංහ හරිශ්චන්ද්‍ර මැතිතුමා තමයි සුද්දන් එක්ක නඩු කියලා ඒක එතනින් අයින් කළේ. නැත්නම් අපි අර රුවන්වැලි සෑයේ ඉඳලා ශ්‍රී මහා බෝධියට යන පෙත්මගේ තමයි සුද්දෝ හදලා තියෙන්නේ කඩපිල. ඔතන තමයි තිබිලා තියෙන්නේ කච්චේරිය.

## අතීතයේ සිටි මිනිසුන්ගේ දියුණුව....

ඉතින් ඒ ලියුමේ තියෙනවා අනුරාධපුරේ පොසොන් එකට විසිදාහක් විතර සිංහල බෞද්ධයෝ ඇවිල්ලා තියෙනවා. ඇවිල්ලා ගස් ගල් යට නැවතිලා

ඉඳලා ඒ පොසොන් උත්සවයට සහභාගී වෙලා ඒ කච්චේරියේ ඉස්තෝප්පුවෙත් සෙනග රෑ නිදාගෙන ඉඳලා තියෙනවා. ඒ ඉස්තෝප්පුවේ තමයි තිබිලා තියෙන්නේ සේප්පුව. සේප්පුවේ රුපියල් එකසිය හැත්තෑ ගාණක් තිබිලා තියෙනවා.

එතකොට සුද්දා ලියනවා මේ සේප්පුව හය දෙනෙකුට පහසුවෙන්ම උස්සගෙන කැලේට ගොහින්, මේක කඩලා සල්ලි ගන්න පුළුවන්. නමුත් කච්චේරියත් වහලා තියෙද්දි, විසිදාහක් විතර මහ සෙනඟ ගොඩේ එක සත පනහක්, රුපියලක්, තඹ දොයිතුවක් නැතිවෙලා නෑ. ඊට පස්සේ කියනවා 'අපේ ක්‍රිස්තියානි රටක මෙවැනි උත්සවයකට විසිදාහක් ආවා නම් අපට කොච්චර තට්ටු වෙලා ඇද්දැයි හිතාගත හැකියි' කියලා.

## සුද්දන්ගේ ශිෂ්ටාචාරයේ ප්‍රතිඵල....

එහෙනම් ඒ සුද්දන්ගේ රටේ තිබුණු විනාශය නේද අද අපට මේ පුරුදු කරලා තියෙන්නේ. මේ අවුරුදු සීයකට කලින් වෙච්ච සිදුවීමක්. එච්චර දියුණුවට හැදිච්ච ජනකායක් වෙච්ච අපට ශිෂ්ටාචාරයක් නෑ කිය කිය නින්දා අපහාස කර කර සුද්දෝ දීපු ශිෂ්ටාචාරයේ ප්‍රතිඵල තමයි දැන් මේ තියෙන්නේ. දැක්කද වෙනස. ඒ සුද්දගේ වාර්තාවේ තියෙනවා අපේ ක්‍රිස්තියානි සමාජයේ උත්සවයකට විසිදාහක් සෙනඟ ආවොත් අපට කොහොම තට්ටු වෙලා තියෙයිද කියලා අහනවා.

එහෙනම් ඒ සුද්දන්ගේ රටේ තිබිච්ච හොරකම්, මැරකම්, දූෂණ, බේබදුකම්, සල්ලාලකම් අපේ රටේ

තිබුනේ නැති ගානයි. දැන් කට්ටිය එකතු වෙලා සිංහලයන්ට බනිනවා. බුද්ධාගමට බනිනවා. ධර්මයට බනිනවා. සමහරු අපිටත් බනිනවා. අපිත් වග කියන්න ඕනෙලු මේ වෙන විනාස වලට. ඒ මොකද හේතුව මොලේ නරක් වෙලා. වග කියන්න ඕනෙ අපි නෙමෙයි මේ මාධ්‍යයයි.

## මාධ්‍යයට ම තමයි මේක නවත්තන්නත් පුළුවන්....

බැනුම් අහන්න ඕනෙ අය ප්‍රශංසා ලබනවා. ප්‍රශංසා ලබන්න ඕන අය බැණුම් අහනවා. බලන්න පරිහානියේ හැටි. කොහෙවත් ඉන්න කෙනෙක් දූෂණය කරාම අපිද බැණුම් අහන්න ඕනෙ. ඊට පස්සේ විසඳුම හැටියට කියනවා එල්ලලා මරාපං කියලා. එතකොට එක්කෙනෙක් එල්ලලා මරනවා. ඊළඟට තව කෙනෙක් දූෂණය කරනවා. එයාවත් එල්ලලා මරනවා. එල්ලා මැරිලි නවත්තගන්න බැරිව යනවා ඊට පස්සේ මේ වෙන දූෂණ වල හැටියට.

මේක නවත්තන්න පුළුවන් එක දේකට. ඒ තමයි මාධ්‍යයට පුළුවන් මේක නවත්තන්න. මාධ්‍යය සදාචාරය දියුණු කළොත් එදාට මේක නවත්තන්න පුළුවන්. සම්පූර්ණයෙන්ම නවත්තන්න බැරිවුනත් සෑහෙන්න අඩු කරන්න පුළුවන්. මොකද මිනිස්සු මාධ්‍යයට ග්‍රහණය වෙලා ඉන්නේ. මාධ්‍යය තුළ පෙන්වන දේවල් ගත්තොත් ඇති මිනිස්සු මේ තරම්වත් ඉන්නවා. මං හිතන්නේ මේ ධර්මය නිසා තමයි මිනිස්සු මෙහෙමවත් කන්ට්‍රෝල් වෙලා ඉන්නේ.

# රුපියල් කෝටි ගාණක් විනාසයි....

දැන් හැම තැනම තැබෑරුම්. සුද්දෝ මේ රට අල්ලගන්න කාලේ මේ රටේ බොන මිනිස්සු හිටියේ නෑ. සුද්දෝ මේ රට ආක්‍රමණය කරපු කාලේ බේබද්දෝ හිටියේ නෑ. සාමාන්‍යයෙන් මං හිතන්නේ දැන් දවසකට රුපියල් කෝටි ගාණක මිනිස්සු බොනවා. අපි මේ කියන බණ පදයක් යන්නෙ නෑ මිනිස්සුන්ගේ හිත් වලට. මිනිස්සු ඒ ඔක්කොම වහගෙන පොඩ්ඩක් බැරිවෙලා දූෂණයක් අර්බුදයක් ආපු ගමන් පන්සලට බනිනවා.

ඒකත් මාධ්‍යයෙන් කරන්නේ. වැරදිකාරයෝ වෙන කවුරුවත්. ලයිසන් දීලා, තැබෑරුම් දාලා මේවා හොඳට කරගෙන යනවා. හොඳට කුඩු බිස්නස් ගෙනියනවා. මිනිස්සු අවුල් වෙන්න අසභ්‍ය චිත්‍රපටි හැම තැනම යනවා. ඒ අවුල් වුනාට පස්සේ අපිට බනිනවා. එතකොට මේ පිරිහීම දෙගුණ දෙගුණ වෙලා යන්නෙ නැද්ද? ඇයි මේ වෙනත් දේකට සිල්වතුනුත් ගැරහුම් ලබනවනෙ. එතකොට මේ පිරිහීම තව දරුණු වෙවී යනවා.

# අසංවර ආයතන හයකින් ආරක්ෂාවක් නෑ....

මේ සංසාරේ ගමන් කරන සත්වයාගේ ආයතන හය දමනය වෙලා තියෙන හයක් නෙමෙයි. දමනය නොවෙච්ච, සංවර නොවෙච්ච, අසහනයට පත්වූ, පීඩාවට පත්වූ ආයතන හයක්. දමනය නොවෙච්ච, අසංවර ආයතන හයකින් කෙනෙකුට නිදහසක් බලාපොරොත්තු වෙන්න බෑ. දියුණුවක් බලාපොරොත්තු වෙන්න බෑ.

ආරක්ෂාවක් බලාපොරොත්තු වෙන්න බෑ. ඒ ආයතන හයේ අසංවර භාවයත් එක්ක තමයි දිගින් දිගට මේ අර්බුදය තියෙන්නේ.

ඒ නිසා තමයි බුදුරජාණන් වහන්සේ ඉස්සෙල්ලාම දේශනා කළේ 'මහණෙනි, මේ ආයතන හය සංවර කරගන්න' කියලා. ඒකට කියන්නේ ඉන්ද්‍රිය සංවර සීලය කියලා. අනුරාධපුර යුගයේ එක භික්ෂූන් වහන්සේ නමක් අට්ඨික භාවනාව වැඩුවා. දවසක් ඒ භික්ෂූන් වහන්සේ ඒ භාවනාවෙන්ම අනුරාධපුරේ ඉඳලා මිහින්තලේට වඩිනවා. එතකොට මිහින්තලේ පැත්තේ පවුලක තමන්ගේ ස්වාමියත් එක්ක ආරවුලක් හදාගෙන එක ගෑණු එක්කෙනෙක් අනුරාධපුර පැත්තට යනවා.

## ඇට සැකිල්ලක් නම් දැක්කා....

ඒ ගෑණු එක්කෙනා මගදි මේ භික්ෂූන් වහන්සේ දකිනවා. දැකලා හයියෙන් හිනහ වෙනවා. හිනහ වුන ගමන් භික්ෂූන් වහන්සේ ඔලුව උස්සලා බැලුවා. බැලුවහම දැක්කේ මොකක්ද? ඇට සැකිල්ල. ආයෙ බිම බලාගෙන භික්ෂූන් වහන්සේ වඩිනවා. ඔය අතරේ මේ ගෙදර උන්දැ කොයි පැත්තෙන්ද ගියේ කියලා බලන්න අර පිරිමි එක්කෙනා එනවා. එනකොට හාමුදුරුවෝ හම්බ වුනා. ඇහුවා 'ස්වාමීනී, මේ පළාතෙන් ස්ත්‍රියාවක් ගියාද?' කියලා ඇහුවා. 'ස්ත්‍රියාවක් ද පුරුෂයෙක්ද කියලා දන්නෙ නෑ. ඇට සැකිල්ලක් නම් ගියා' කිව්වා. ඒ කාලේ ඒ කියමන ප්‍රශංසා ලැබුවා. ගෞරවය ලැබුවා. ඒක ධර්මයේ දියුණුවක් කියලා පිළිගත්තා.

## ධර්ම ප්‍රචාරය දුෂ්කර දෙයක්....

මේ කාලේ කවුරුහරි කිව්වා නම් 'හරි වැඩේ.... මට මේ මිනිස්සු දිහා බලද්දි මිනිස්සුන්ව පේන්නෙ නෑ. ඇට සැකිල්ලක් පේනවනේ' කියලා. ඊට පස්සේ මොකද වෙන්නේ? ඇදන් යනවා දොස්තර ගාවට. 'මේ... මේ... බලන්න. මේ භාවනා කරන්න ගිහිල්ලා මොකක්ද කරගෙන. ඇට සැකිලි පේනවා කියනවා' ඊට පස්සේ බැණුම් අහන්නේ අපි. දැක්කද පරිහානිය? ඇයි මෙහෙම වෙන්නේ? යථාර්ථයට ඉඩක් නෑ. එතකොට තේරුම් ගන්න මේ ධර්ම ප්‍රචාරය කොච්චර දුෂ්කර වූ දෙයක්ද කියලා මේ කාලේ. අතිශයින්ම දුෂ්කර වූ දෙයක්. ඉතින් බුදුරජාණන් වහන්සේ පහළ වෙලා මේ ලබාදීපු ධර්මය අපටත් අවබෝධ කරගන්න වාසනාව ලැබේවා!

**සාදු! සාදු!! සාදු!!!**

⚙ ⚙ ⚙

## 02.

# සවස් වරුවේ ධර්ම දේශනය...

### ශ්‍රද්ධාවන්ත පින්වත්නි,

පසුගිය වැඩසටහනේදි අපි ඉගෙන ගත්තා පටිච්ච සමුප්පාදයේ අංග කීපයක් ගැන. ඒ තමයි ජරාමරණ, ඒ වගේම ජරාමරණ හටගන්න හේතුවුණු ඉපදීම, උපදින්න හේතුවෙච්ච කාරණය භවය. භවයට හේතුවෙච්ච කාරණය උපාදාන. උපාදානයට හේතුවුනේ තණ්හාව කියන ටික. අද උදේ වරුවේ අපි ඉගෙන ගත්තා තණ්හාවට හේතුවුනේ විඳීම. විඳීමට හේතුවුනේ ස්පර්ශය. ස්පර්ශයට හේතුවුනේ ආයතන හය කියන කරුණු ටික.

ඒ වගේම අපි ඉගෙන ගත්තා උදේ වරුවේ අපි මනුස්සයෝ වශයෙන් දැන් මේ කාලය ගත කළාට අපි මහා නුවණැත්තෝ නෙමෙයි කියලා. අනික ඉස්සරහට ඤාණය වැඩෙන්න උදව් උපකාරත් නැති ගාණයි. ඒ කියන්නේ අපිට නොතේරීම අපි පිරිහීගෙන යනවා. ඒ වගේම අපි උදේ වරුවේ ඉගෙන ගත්තා සුද්දෙකුගේ වාර්තාවක් ගැන. ඉස්සර කාලේ අනුරාධපුරේ වන්දනාවේ

ගිය මිනිස්සු කිසි හොරකමක් කරන්නෙ නැතුව වැදගත් විදිහට හිටපු හැටි. නමුත් මේ වෙද්දි අපි විනාස වෙලා ගිහින් තියෙන හැටි.

## වැසිකිළියට ගිය කල දසාව....

එතකොට අපි මේ පර්වර්තනය වෙවී යන්නේ අපටත් නොතේරීමයි. ඔබට මේ පරිවර්තනය ගැන හොඳ හෝඩුවාවක් කියන්නම්. අපි පුංචි කාලේ අපේ ගෙවල් වල වැසිකිළි වෙනම ඈතින් තිබුනේ. නාන ළිඳත් ඈතින් තිබුනේ. බොන ළිඳ තමයි කිට්ටුවෙන් තිබුනේ. ඒ ඈතින් තිබුන වැසිකිළිය දැන් කොහෙද තියෙන්නේ? දැන් ගේ ඇතුලේ තියෙන්නේ. නාන තැනත් දැන් ගේ ඇතුලේ තියෙන්නේ. එතකොට ඒ කාලේ අපේ සම්මතයක් තිබුනා වැසිකිළිය සහ නාන ළිඳ ඈතින් තිබිය යුතුයි කියලා. ඔහොම තිබිලා රෑට ඉතින් එක්කෝ ඔය ටෝච් එකක් හරි ලාම්පුවක් හරි අරන් තමයි වැසිකිළි යන්නේ ඉස්සර.

ඊට පස්සේ ඒ කාලේ මට මතකයි කඩවල් වල වැසිකිළි පෝච්චි නිකම් බිම තමයි තියලා තිබුනේ විකුණන්න. ඒ කාලේ කොමෝඩ් කියන ඒවා එච්චර තිබුනේ නෑ. දැන් මේ වෙද්දි කවුරුත් ආසා කොමෝඩ් එකක් හයි කරගන්නයි. ඒ වැසිකිළි පෝච්චි දැන් කඩවල් වල විකුණන්න තියෙන්නේ රත්තරන් බඩු සාප්පු වල විදිහට. බලන්න හොඳට හොයලා ඔය කොළඹ පැත්තේ සෙරමික් කඩවල් වල. වීදුරු දාලා ලස්සනට හදලා ලයිට් ගහලා. එහෙම නෙමෙයිද තියෙන්නේ? එබඳු ලෝකෙකට නුවණින් කරන වැඩ කරගන්න බෑ.

## ඊළඟ පැන්සොන් පඩියෙන් ගන්න ඕනෙ....

එතකොට දැන් බලන්න අපි වෙනස් වෙච්ච විදිහ අපටම තේරෙන්නෙ නෑ. දැන් සාමාන්‍ය වැසිකිළියකට ගියපු එක්කෙනා අර ලස්සනට ලයිට් ගහලා බබළන පෝච්චි දිහා බල බල යනවා 'අනේ මේකක් මටත් හයිකරගන්න ඇත්නම්.... ඊළඟ පැන්සොන් පඩියෙන් ගන්න ඕනෙ....' කියලා. රට ඉන්න ළමයින්ටත් ලියලා යවනවා වැසිකිළියක් හදාගන්න ඕනෙ. සල්ලි එවන්නෙයි කියලා.

අපි කල්පනා කරන විදිහ එන්න එන්න පටු වෙන්න හැම පැත්තෙන්ම උදව් ලැබෙනවා. ඒ කල්පනා කරන විදිහ පුළුල් කරන්න කිසිම උදව්වක් නෑ. මේ කියන බණ ටික විතරයි තියෙන්නේ. මේ බණ ටිකත්, මේ චතුරාර්ය සත්‍යය කතාවත්, මේ ත්‍රිලක්ෂණයත් කියන්නේ නැතුව ගියොත් අවිද්‍යාව මිසක් වෙන කිසිම දෙයක් නෑ. බුදුරජාණන් වහන්සේත් මේ පිරිසිදුබව ගැන කතා කළා. නමුත් උන්වහන්සේ වැඩිපුර කතා කළේ කුමක පිරිසිදු බව ගැනද? ක්‍රියාවේ පිරිසිදු බව ගැනයි. ඒ කියන්නේ කයින් කරන ක්‍රියාවේ පිරිසිදුකම. වචනයෙන් කතා කරන දේ තුළ තියෙන පිරිසිදුකම. හිතෙන් හිතන සිතිවිලි වල පිරිසිදුකම. දැන් ඒවා මොකවත් නෑ.

## පිරිසිදු වෙන්නේ ක්‍රියාවෙනුයි....

දැන් කියන්නේ හොඳට හෝදලා කාපං. ඊළඟට වැසිකිළි ගියහම හොඳට අත සෝදාපං. එතකොට පිරිසිදුයි. වචනයෙන් මොනවා කතා කළත් කමක්

නෑ. කයින් මොනවා කෙරුවත් කමක් නෑ. නාලා සුදු ඇඳපං. එතකොට පිරිසිදුයි. මේක නේද දැන් කියන්නේ? එතකොට මේ විදිහට කවදාවත් ජීවිතය පිරිසිදු කරගන්න ලැබෙන්නේ නෑ. බුදුරජාණන් වහන්සේගේ කාලයේ හිටපු භික්ෂූන් වහන්සේලාට බුදුරජාණන් වහන්සේ නාන්න අනුමත කළේ සති දෙකකට එක වතාවයි. ඒ කාලේ දැන් කාලේ සම්මත කරපු බොරු පිරිසිදුකම නෑ.

## වස විස එකතු වුන ආහාරපාන....

සාමාන්‍යයෙන් පිරිසිදුකම අවශ්‍යයි. පිරිසිදුකම කිය කිය කියලා දීලා අපිද ජලය අපිරිසිදු කළේ? නෑ. අපිද ජලයට ආසනික් දැම්මේ? නෑ. අපිද පොළවට වස දැම්මේ? ආන්න බලන්න පිරිසිදුකම ගැන අපිට උපදෙස් දීපු ලෝකේ තමයි ඒක කළේ. දැන් බලන්න අපි පිරිසිදුකම ගැන කතා කරනවා. සුද්දෙට කන්න බොන්න කියනවා. ඒ වුනාට අපි කන බොන දේවල් කොච්චර අපිරිසිදුද? කොච්චර අපේ සෞඛ්‍යයට අහිතකරයිද?

ඒ කාලේ හිටපු අම්මලා තාත්තලාට මේ මොකෝවත් නෑ. හොඳට පොල්තෙල් හින්දගෙන හොඳට කාලා බීලා හිටියා. අවුරුදු අසූව අනූව සීය හිටියා. ලෙඩදුක් වලින් විඳව විඳව නෙමෙයි හිටියේ. හොඳට හිටියා. දැන් ඒ මුකුත් නෑ. වයස තිස්පහ හතළිහ වෙනකොට සීනි අමාරු. එතකොට බලන්න මේ පිරිහිච්ච ලෝකේ වංචාවත් එක්ක එකතු වෙච්ච ලෝකේ ස්වභාවය. එබඳු ලෝකයක ගොදුරු වෙච්ච අපි මේ බුදු කෙනෙකුගේ ධර්මයක් ඉගෙන ගනිද්දි අපිට ඒ කාලේ මිනිස්සුන්ට තිබ්ච්ච හැකියාව නෑ.

# පිදුම් ලබන වැසිකිළි පෝච්චි....

මං කිව්වනේ දැන් වැසිකිළි පෝච්චි වලට ගිය කලදසාව. දැක්කනේ ඒවා පිදුම් ලබන හැටි. ගෞරව ලබන හැටි. සම්මාන ලබන හැටි. නමුත් බුදු කෙනෙකුගේ ධර්මයක් අහන මේ ශාලාවක් හදාගන්න එක අපිට කොච්චර අමාරුද? එතකොට බලන්න මොනතරම් වෙනසක්ද? මේ ලෝකේ එන්න එන්න පිරිහෙනවා. අනාගතේ වැසිකිළි පෝච්චි වලට තව තව කැටයම් දමාවි. පුළුවන් නම් මුතු මැණික් හිටන් අල්ලාවි. අර සෞදියේ රජ්ජුරුවෝ තමන්ගේ දුව විවාහ වෙච්ච දවසේ දුවට තෑගි දීලා තියෙන්නේ රත්තරනින් හදාපු වැසිකිළියක් නේ. මේවට තමයි දැන් ලෝකයේ තැන තියෙන්නේ. ගුණධර්ම වලට කිසි තැනක් නෑ.

එබඳු ලෝකෙක තමයි අපි මේ බුදුරජාණන් වහන්සේගේ ධර්මය ඉගෙන ගන්නේ. නුවණැත්තන්ට දුර්ලභ අවස්ථාවක් මේ ලැබෙන්නේ. මේ ධර්මය ඉගෙන ගෙන, පුරුදු කරගෙන අඩුගණනේ මෙතනින් දෙවියන් අතරටවත් යාගන්න ඕන. නිකම් මෝඩපහේ දෙවියෙක් වෙලා නෙමෙයි. ප්‍රඥාසම්පන්න, නුවණැති කෙනෙක් වෙලා. මොකද හේතුව මේ බුදුරජාණන් වහන්සේගේ ධර්මය ළඟ බලන එකක් නෙමෙයි දුර බලන එකක්. දුර බලන්න වුවමනා කරන සවිය, හැකියාව, ගුණය මේ ධර්මයෙන් ලබාදෙනවා.

# නමට නෙමෙයි තීන්දුව ලැබෙන්නේ ක්‍රියාවටයි....

මේ ධර්මය තුළ යම්කිසි කෙනෙක් පටිච්ච සමුප්පාදය ඉගෙන ගත්තොත් 'හේතුඵල දහමක්

නොවැ මේ ජීවිතේ පුරා තියෙන්නේ. හේතුඵල දහමක ක්‍රියාකාරීත්වයක්නේ මේ තියෙන්නේ. මෙතන මම, මාගේය, අසවලා අසවලා කියලා නම් ගහගත්තට එහෙම අයිතිවාසිකමක් මේකේ පවත්වා ගන්න බැහැ' කියලා ඒ පටිච්ච සමුප්පාදය (හේතුඵල දහම) ගැන දන්නා බව තමන් තුළින් තේරුම් ගන්න ලැබුනොත් එයා ප්‍රඥාවන්ත කෙනෙක් බවට පත්වෙනවා. මොකද මේකේ නමට නෙමෙයි තීන්දුව ලැබෙන්නේ ක්‍රියාවට.

අපි ගත්තොත් සීලවතී නරක විදිහට හැසිරුනොත් එතකොට සීලවතී කියලා නම දැම්මා කියලා එයාට ඒකේ විපාක නොලැබී තියෙන්නේ නෑ. මෛත්‍රීදාස මිනී මැරුවොත් නම මෛත්‍රීදාස වුනාට මිනී මැරුමට එයාට දඬුවම් නොලැබී තියෙන්නේ නෑ. එහෙනම් නමට නෙමෙයි තීන්දුව ලැබෙන්නේ ක්‍රියාවට. එතකොට ක්‍රියාවට සාමාන්‍ය සම්මුතියෙත් එහෙම තීන්දු ලැබෙනවා නම් පටිච්ච සමුප්පාදය තුළ ක්‍රියාවට තීන්දුව ලැබෙන්නේ ඊට අදාළ න්‍යාය මත.

## ආයතන හයේ ක්‍රියාකාරීත්වය කැලෑ සතෙකුගේ වගෙයි....

ඒ නිසා යම්කිසි කෙනෙක් පටිච්ච සමුප්පාදය තෝරා බේරාගන්නවා කියන්නේ, පටිච්ච සමුප්පාදය ඉගෙන ගන්නවා කියන්නේ තමන්ගේ ජීවිතය හඳුරුවගන්න හොඳම ක්‍රමය අහුවෙනවා කියන එකයි. තමන්ගේ ජීවිතය තේරුම් ගන්න හොඳම විදිහ ලැබෙනවා කියන එකයි. ඔබට මතකද අද උදේ වැඩසටහනේදි මං අන්තිමට කිව්වා ධර්මය නැති වුනාට පස්සේ මේ ආයතන හයේ ක්‍රියාකාරීත්වය කැලෑ

සතෙකුගේ වගේ කියලා. ඇස, කන, නාසය, දිව, කය, මනස කියන මේ හයට ධර්මය එකතු වෙලා නැත්නම්, ධර්මයත් එක්ක සම්බන්ධ නැත්නම් ඒ ආයතන හය පවතින්නේ දමනය නොවී.

දැන් හොඳට බලන්න කල්පනා කරලා ගෙවල් දොරවල් වල බොහෝ විට නොයෙක් ප්‍රශ්න ඇති වෙනවනේ. මේ ඇතිවෙන ප්‍රශ්න උදේ වරුවේ කිව්වා වගේ අර කරුණු තුනට දාන්න බැරිද? එක්කෝ රාගයෙන් හටගන්න ප්‍රශ්න. එහෙම නැත්නම් ද්වේශයෙන් හටගන්න ප්‍රශ්න. එහෙම නැත්නම් මෝහයෙන් හටගන්න ප්‍රශ්න.

## කෙළවරක් නැති අර්බුද....

ලෙඩදුක් කරදර පීඩා වලට අමතරව වඩාත්ම මනුෂ්‍යයා දුක් විඳින්නේ ඔය තුනෙන් හටගන්න ප්‍රශ්න නිසා. සමගිය නැතුව යනවා. උයාගත්ත දේ සතුටින් කන්න නෑ. නඩුහබ වලට පැටලෙනවා. නොයෙක් නොයෙක් අර්බුද වල පැටලෙනවා. කෙළවරක් නැතුව එයා විශාල දුකකට බඳුන් වෙනවා. ඒ ඔක්කොම සිද්ධ වෙන්නේ මේ ඇස, කන, නාසය, දිව, කය, මනස කියන මේ ආයතන හය අධර්මය තුළ ක්‍රියාත්මක වෙන නිසා.

මේ ආයතන හය යම් තැනක ඇද්ද, එතන ස්පර්ශය හටගන්නවා. ස්පර්ශය යම් තැනක ඇද්ද එතන විඳීම හටගන්නවා. විඳීම යම් තැනක ඇද්ද එතන තෘෂ්ණාව හටගන්නවා. තණ්හාව යම් තැනක ඇද්ද එතන උපාදානය හටගන්නවා. උපාදානය යම් තැනක ඇද්ද එතන භවය හටගන්නවා. භවය යම් තැනක ඇද්ද එතන ආයෙමත් ලැබෙනවා ආයතන හය. ආයතන හය

යම් තැනක ඇද්ද නැවතත් ස්පර්ශය. එතකොට මේකේ බේරිල්ලක් කොණක් පොටක් නෑ. මේක බුදු නුවණකින්ම විසඳුවා මිසක් මේක සාමාන්‍ය මනුස්සයෙකුට නම් හිතාග න්නවත් බෑ.

## බුදු පසේබුදු වෙනස....

දැන් පසේබුදු කෙනෙක් බුද්ධත්වයට පත්වුනොත් ඒ පසේබුදුරජාණන් වහන්සේ තනියම විග්‍රහ කරගන්නවා තමන්ගේ ගැටලුව. තනියම විග්‍රහ කරගෙන තනියම සෝවාන් වෙනවා. තනියම සකදාගාමී වෙනවා. තනියම අනාගාමී වෙනවා. තනියම රහත් වෙනවා. නමුත් උන්වහන්සේට බෑ තව කෙනෙකුට ඒ අත්දැකීම ලැබෙන විදිහට ඒක විස්තර කරන්න. ඒකයි පසේබුදු රජාණන් වහන්සේගේ වෙනස. ඒ අත්දැකීම තව කෙනෙකුට ලැබෙන විදිහට විස්තර කරන්න පුළුවන් වෙන්නේ සම්මා සම්බුදු කෙනෙකුට පමණයි.

සම්මා සම්බුදු රජාණන් වහන්සේත් කිසි කෙනෙකුගෙන් උදව්වක් උපකාරයක් නැතුව තමන්ම මේ හේතුඵල දහම අවබෝධ කරලා තමන් තනියම සෝවාන් වෙනවා. ඒ සම්මා සම්බුදු රජාණන් වහන්සේ තමන්ගේ උත්සාහයෙන්ම සකදාගාමී වෙනවා. අනාගාමී වෙනවා. තමන් විසින් උපදවා ගන්නා වූ ප්‍රඥාවෙන්ම රහත් ඵලයට පත්වෙනවා. ඒ සම්මා සම්බුදු රජාණන් වහන්සේ තමන් වහන්සේ විසින් ගුරු උපදෙස් රහිතව අවබෝධ කරගත්තු ධර්මය අන් අයට කියලා දෙනවා. ඒ කියලා දෙන ධර්මයට සවන් දෙන අය තමනුත් ඒ ධර්මය ඉගෙන ගෙන තවත් පිරිසකට කියලා දෙනවා. ඒ විදිහටයි බුද්ධ ශාසනයක් පවතින්නේ.

## ආයතන හය හටගන්න හේතුව....?

බුදුරජාණන් වහන්සේ වදාළා "මහණෙනි, විපස්සී බෝසතාණන් වහන්සේට මෙහෙම හිතුනා. **කිම්හි නු බෝ සති සළායතනං හෝති.** මේ ආයතන හය තියෙන්නේ කුමක් තිබුනොත්ද? **කිම්පච්චයා සළායතනං.** මේ සළායතන හටගන්න හේතු වෙච්ච කාරණය කුමක්ද? කියලා" **අථ බෝ භික්ඛවේ** එතකොට මහණෙනි, විපස්සී බෝසතාණන් වහන්සේට **යෝනිසෝ මනසිකාරා** නුවණින් මෙනෙහි කරද්දි. **අහු පඤ්ඤාය අභිසමයෝ** ප්‍රඥාවෙන් අවබෝධ වුනා. **නාමරූපේ බෝ සති සළායතනං හෝති.** නාමරූප ඇතිවිටයි සළායතන ඇතිවෙන්නේ. **නාමරූප පච්චයා සළායතනං.** නාමරූප නිසයි සළායතන ඇති වෙන්නේ" කියලා.

## මිනිස් ලොව උපත....

එතකොට පින්වත්නි, දැන් බලන්න. මේ අලුත් ලෝකයේ නොයේක් ආකාරයට වෛද්‍ය පහසුකම් තියෙනවනේ මේ කාලේ. මව්කුසක කළලක් ඇති වෙන හැටි අපි ඉස්කෝලේ යන කාලෙම ඉගෙන ගන්නවනෙ. ශුක්‍රාණුවකුයි ඩිම්බානුකුයි එකතු වෙලා කළලක් හටගන්නවා කියනවා නේ. ඊට පස්සේ මේ කළල ටික ටික වැඩෙනවා. අපි කියමු කැමරාවක් හයි කරලා හරි එක්කෝ වෙනත් උපකරණයකින් හරි සම්පූර්ණයෙන්ම බලාගන්නවා කියලා මේ මව්කුසක දරුවෙක් පිළිසිඳ ගන්න හැටි.

දැන් මේ කළල ටික ටික වැඩිලා ඔන්න ඇහැ හැදෙනවා. කන හැදෙනවා. නාසය හැදෙනවා. දිව

හැදෙනවා. කය හැදෙනවා. ඔය ටික පේනවා. මනස හැදෙනවා පේනවද? ඊළඟට මේ ඇස, කන, නාසය, දිව, කය, මනසත් එක්ක මේ විඤ්ඤාය එකතු වෙලා වැඩකරන හැටි අහුවෙනවද? අහුවෙන්නෙ නෑ. අම්මා කන කෑමබීම වලින් ගන්න පෝෂණය මේ මව්කුසේ දරුවාට ලැබෙනවා කියන එක විතරක් ඒගොල්ලෝ හොයාගනියි. ඒගොල්ලන්ට හොයාගන්න පුළුවන් වෙන්නේ සතරමහා ධාතූන්ට අයිති දෙයක් විතරයි.

## සාමාන්‍ය ලෝකයට මේක හොයාගන්න බෑ....

මොකද හේතුව ඒගොල්ලන් උදව්වට ගන්න උපකරණය සතරමහා ධාතූන්ගෙන් හටගත්තු උපකරණයක්. එතකොට ඒකට හැම තිස්සෙම අහුවෙන්නේ සතර මහා ධාතූන්ගෙන් හටගන්න දේවල් විතරයි. එතකොට මේ සතර මහා ධාතූන්ගෙන් හටගත්ත උපකරණයකට හෝ මේ අලුත් ලෝකෙට හෝ මේ වෛද්‍ය විද්‍යාවට හෝ හොයාගන්න පුළුවන් වුනාද නාමරූප නිසා ඇහැක් හටගන්නවා කියලා. නාමරූප නිසා කනක් හටගන්නවා කියලා. නාමරූප නිසා නාසයක් හටගන්නවා කියලා. නාමරූප නිසා දිවක් හටගන්නවා කියලා. නාමරූප නිසා ශරීරයක් හටගන්නවා කියලා. නාමරූප නිසා මනසක් හටගන්නවා කියලා. හොයන්න බෑ.

## ආයතන හය යනු කුමක්ද....?

සාමාන්‍ය නූතන ලෝකෙට මේක හොයන්නත් බැරි නිසා, බුදු කෙනෙකුගේ ධර්මයක් දන්නෙත් නැති නිසා, අහලත් නැති නිසා ඒගොල්ලෝ තුළ හැම තිස්සේම

කුතුහලයක් විතරක් තියෙනවා. ඒගොල්ලෝ ඊට පස්සේ දැන් අලුතින් කල්පනා කරනවා කෘතිම විදිහට මිනිස්සුන්ව හදන්න. මේ විදිහට ඒගොල්ලෝ කල්පනා කර කර යනවා මිසක් මේ ආයතන හය හැදෙන්නේ නාමරූපයෙන් කියලා දන්නෙ නෑ. බුදුරජාණන් වහන්සේ සළායතන කියන එක තෝරනවා මෙහෙම. **කතමඤ්ච භික්ඛවේ සළායතනං.** මහණෙනි, ආයතන හය යනු කුමක්ද? **චක්ඛායතනං.** ඇස නම් වූ ආයතනය. **සෝතායතනං.** කන නම් වූ ආයතනය. **ඝානායතනං.** නාසය නම් වූ ආයතනය. **ජිව්හායතනං.** දිව නම් වූ ආයතනය. **කායායතනං.** කය නම් වූ ආයතනය. **මනායතනං.** මනස නම් වූ ආයතනය.

## සසර දුක උපද්දවන තැන....

එතකොට මේවට උන්වහන්සේ ආයතනය කියන වචනය පාවිච්චි කළා. ඇහැට කියපු නමක් තමයි ආයතනය. කනටත් කිව්වා ආයතනය. සාමාන්‍යයෙන් අපි ආයතනය කියනවා යමක් නිෂ්පාදනය කරන තැනට. ඒ වගේ සසර දුක උපද්දවන තැන කියන අර්ථයෙන් තමයි මේ හයට ආයතන කියලා කියන්නේ. එතකොට මේ ආයතන හය හටගන්නේ මොකෙන්ද කියලා විමසනකොට ඒ බෝසතාණන් වහන්සේට ප්‍රඥාවෙන් අවබෝධ වුනා මේ ආයතන හය හටගන්නේ නාමරූපයෙන් කියලා.

එතකොට බලන්න බෝසතාණන් වහන්සේ නමක් මේ සොයාගැනිල්ල කරන්නේ විද්‍යාගාරයක ඉඳගෙනද? මුකුත් මැෂින් පාවිච්චි කරලද? නෑ. එහෙනම් කොහොමද කළේ? සමාධිමත් සිතින් නුවණින් විමසලයි මේ සොයාගැනීම කළේ. ඊළඟට බුදුරජාණන් වහන්සේ නාමරූප ගැන විස්තර කරනවා. **කතමඤ්ච භික්ඛවේ**

නාමරූපං. මහණෙනි, නාමරූප කියන්නේ මොනවාද? **වේදනා** විඳීම. **සඤ්ඤා** හඳුනාගැනීම. **චේතනා** කර්මය. **ඵස්සෝ** තුනක එකතුවීම. **මනසිකාරෝ** මනස වැඩට යෙදවීම. මේ පහට තමයි බුදුරජාණන් වහන්සේ නාම කියලා කිව්වේ. **ඉදං වුච්චති නාමං.** මෙය නාමයයි කියනු ලැබේ.

## නාමරූප යම් තැනක ද, ආයතන හය එතන....

**චත්තාරෝ ච මහාභූතා** සතර මහා භූතත් **චතුන්නඤ්ච මහාභූතානං උපාදාය රූපං** සතර මහා භූතයන්ගෙන් හටගත්තු රූපත්. **ඉදං වුච්චති රූපං.** ඒවාට කියනවා රූප. සතර මහා භූත කිව්වේ පඨවි, ආපෝ, තේජෝ, වායෝ. මේ සතර මහාභූත කියලා කියන්නේ මේ ශරීරයේ කොටස් ගැනයි. පඨවි ධාතු කිව්වේ කෙස්, ලොම් ආදී කොටස්. ආපෝ ධාතු කිව්වේ සෙම, සොටු ආදී කොටස්. වායෝ ධාතු කිව්වේ ආශ්වාස, ප්‍රාශ්වාස ආදී කොටස්. තේජෝ ධාතු කිව්වේ මේ ශරීරයේ රස්නෙ ගතිය.

එතකොට මේ සතර මහා ධාතු කියලා අපි මෙතන අදහස් කරන්නේ නාමරූපත් එක්ක සම්බන්ධ වෙලා තියෙන දේවල්. නාමරූපයෙන් බැහැර දේවල් නෙමෙයි. දැන් අපි ගත්තොත් මේ ගොඩනැගිල්ල නාමරූපෙන් බැහැර දෙයක්. මේ ගොඩනැගිල්ලේ නාමයක් නෑ. රූපයක් විතරයි තියෙන්නේ. එතකොට යම් තැනක නාමරූප තිබුනොත් එතන ඇස තියෙනවා. යම් තැනක නාමරූප තිබුනොත් එතන කන තියෙනවා. යම් තැනක නාමරූප තිබුනොත් එතන නාසය තියෙනවා. යම් තැනක

නාමරූප තිබුනොත් එතන දිව තියෙනවා. යම් තැනක නාමරූප තිබුනොත් එතන කය තියෙනවා. යම් තැනක නාමරූප තිබුනොත් එතන මනස තියෙනවා.

## විඤ්ඤාණයේ ක්‍රියාකාරීත්වය....

එතකොට බුදුරජාණන් වහන්සේ මේ නාමරූප විග්‍රහ කළේ කොහොමද? **චත්තාරෝ ච මහාභූතා** සතර මහා භූතත්. **චතුන්නඤ්ච මහාභූතානං උපාදාය රූපං** සතර මහා භූතයන්ගෙන් හටගත්තු රූපත්. **ඉදං වුච්චති රූපං.** ඒවට කියනවා රූප. **ඉති ඉදඤ්ච නාමං, ඉදඤ්ච රූපං, ඉදං වුච්චති නාමරූපං.** මේවාට තමයි නාමරූප කියලා කියන්නේ. දැන් බලන්න අපි මීට අවුරුදු ගණනාවකට කලින් මව්කුසක ජීවත් වුනා. අපි යම්කිසි මාස ගාණක් මව්කුසේ හිටියා.

අපි හිතමු අපි ඒ මව්කුසේ මාස තුනක් හිටියා කියලා. ඒ මාස තුන වෙද්දි අපේ ඇස, කන, නාසය, දිව, කය, මනස සම්පූර්ණයෙන්ම වැඩිලා නෑ. අපි ගමු මව්කුසට ගිහිල්ලා අපි දවසයි. එතකොටත් ආයතන හය සම්පූර්ණයෙන්ම හැදිලා නෑ. නමුත් විඤ්ඤාණය ක්‍රියාත්මක වෙවී තියෙනවා. විඤ්ඤාණය යම් තැනක තියෙනවා නම් එතන නාමරූප තියෙනවා. ඒ කියන්නේ සතර මහා ධාතුත්, වේදනා, සඤ්ඤා, චේතනා, ඵස්ස, මනසිකාර කියන නාමයත් එතන තියෙනවා.

## වෛර බැඳගෙන ආවා....

මං අහලා තියෙනවා එක අම්මා කෙනෙකුගේ සිද්ධියක්. මේ අම්මාට දරුවෙක් පිළිසිඳ ගන්න හැම

අවස්ථාවෙම මාස දෙක තුනක් යනකොට ඒ කුසේ ඉන්න දරුවා මොකක්හරි වෙලා මැරෙනවා. හේතුව හොයාගෙන යද්දි ඒ අම්මා පළවෙනි දරුවා කුසේ පිළිසිඳ ගනිද්දි අවිවාහකයි. එතකොට කසාද බැඳපු නැති කෙනෙකුට දරුවෙක් ලැබෙනකොට ගෙවල් වලට මූණ දෙන්න බැනේ. ඉතින් මොකද කළේ මේ තරුණ අම්මා ළමයව නැති කළා. ගබ්සාවක් කළා. ගබ්සා කරද්දි ඒ දරුවගේ ආයතන හැදිලා නෑ. නමුත් ඒ දරුවට ඒක තේරිලා තියෙනවා. ආයතන හය නොහැදුනාට එහෙනම් විඳීම තිබිලා තියෙනවා. හඳුනාගැනිල්ල තිබිලා තියෙනවා. ඊටපස්සේ ඒ ගබ්සාවට ලක් වෙච්ච දරුවා භූතයෙක් වෙලා වෛර බැඳගෙන ආවා. ඇවිල්ලා අර අම්මගෙන් පළිගන්න ඒ මව්කුසට එන එන දරුවව මරනවා. දැන් බලන්න මේ වෙන දේවල්.

## කර්මානුරූප බලපෑම....

කෙනෙක් මව්කුසකට එනකොට ඒ නාමරූප විඤ්ඤාණ වල තියෙන්නේ පෙර කර්මයේ බලපෑමක්. කර්මයේ ස්වභාවය තමයි යම් විදිහකට නම් කර්මය කරන්නේ ඒක විපාක දෙන්න සුදුසු පරිසරය ආපු ගමන් විපාක දෙනවා. අපි බරපතල විදිහට කෙනෙකුට හිංසා පීඩා කරලා තියෙන්නේ ගොවිතැන් කරන්න ගිහිල්ලා නම් අපි මේ ජීවිතේ ගොවිතැන පටන් ගත්ත ගමන් ඒක විපාක දෙන්න පටන් ගන්නවා. අපි කසාද බැඳපු ජෝඩුවක් කඩාකප්පල් කරවලා, අසරණ කරලා වෙන ආත්මෙක අපි සතුටු වුනා කියමු. එතකොට මේ ආත්මේ විපාක දෙන්න පටන් ගන්නේ කවද්ද? බඳිනකම් හොයන්න බෑ. බඳිනකම් කිරියි පැණියි වගේ ඉන්නවා. බැඳලා ටික

දවසක් යනකොට ආන්න අරක විපාක දෙන්න පටන් ගන්නවා. එහෙමයි වෙන්නේ.

යම් ක්ෂේත්‍රයක කළාද ඒ ක්ෂේත්‍රය ආපහු තමන්ට කැරකිලා එනවා. යම් පරිසරයක තමන් යමක් කළාද ඒ පරිසරය නැවත මුණ ගැහෙනවා තමන්ට සංසාරේ. ඒ මුණගැහිච්ච වෙලාවට ඒ කරපු එක විපාක දෙනවා. අපි කියමු කවුරුහරි අනාථ වෙලා පිහිටක් හොයාගන අපි ළඟට එනවා. එනකොට අපි පයින් ගහලා එලවනවා. අපි අනාථ වෙච්ච වෙලාවට අපිට ඒක හම්බ වෙනවා. එහෙමයි වෙන්නේ. ඉතින් එබඳු කර්ම න්‍යායකට මැදි වෙලා ඔන්න නාමරූප ප්‍රත්‍යයෙන් ආයතන හය හටගන්නවා.

## කය රූපයයි.... සිත නාමයයි....?

එතකොට දැන් ඔන්න නාම කියන එක බුදුරජාණන් වහන්සේ කරුණු පහක් හැටියට විග්‍රහ කළා. මොනවද ඒ පහ? වේදනා, සඤ්ඤා, චේතනා, ඵස්ස, මනසිකාර. මේක බුද්ධ වචනය. ඔය විදිහට තමයි බුදුරජාණන් වහන්සේ පටිච්ච සමුප්පාදයේ නාමරූප විස්තර කරලා තියෙන්නේ. ඒක බුදුරජාණන් වහන්සේගේ අවබෝධය. ඒ නිසා අපට ඒවා වෙනස් කරන්න බෑ. ඒක ඒ විදිහටම අපි ගන්න ඕනේ.

මං දැකලා තියෙනවා පස්සේ කාලේ පොත්වල තියෙනවා කය රූපයයි සිත නාමයයි කියලා. කය රූපයයි කියන එක හරි. කයේ තමයි තියෙන්නේ සම්පූර්ණයෙන්ම සතර මහා ධාතූන්ගෙන් හටගත්තු දේ. සිත නාමයයි කියන්න බෑ. ඇයි නාමය විස්තර කරලා

තියෙන්නේ එහෙම නෙමෙයි. නාමය විස්තර කරලා තියෙන්නේ කොහොමද? වේදනා, සඤ්ඤා, චේතනා, ඵස්ස, මනසිකාර කියලා. බුදුරජාණන් වහන්සේ විස්තර කරනවා ඇස, කන, නාසය, දිව, කය, මනස කියන ආයතන හය හැදෙන්නේ නාමරූපයෙන්. ඒක ඇහැට පෙනිලා හැදෙන්නත් පුළුවන්. ඇහැට නොපෙනී හැදෙන්නත් පුළුවන්.

## දේවතා එළි....

දෙවිවරු අපේ ඇස් වලට පේන්නෙ නෑ. ප්‍රේතයෝ අපේ ඇස්වලට පේන්නෙ නෑ. ඉස්සර නම් දෙවිවරුත් පෙනිලා තියෙනවා. පෙරේතයෝත් පෙනිලා තියෙනවා. දැන් ඉතින් අපි ගොඩාක් දෙවිවරු දකින්න මහන්සි ගන්නේ කැමරා වලින් ගන්න ෆොටෝ වලින් නේ. දැන් බලන්න පින්කමකට එහෙම ගියහම පොඩි පොඩි පොතු කෑලි හෝ ගාලා මෙහෙම අල්ලන් ඉන්නවා. මොනවද ඒ හොයන්නේ? දේවතා එළි.

ධර්මය තුළ පැහැදිලිව පෙන්වනවා ඇස, කන, නාසය, දිව, කය, මනස යම් තැනක ඇද්ද ඒ තියෙන්නේ කුමක් නිසාද? නාමරූප ඇති නිසා. එහෙනම් දිව්‍ය ලෝකයේ වේවා බ්‍රහ්ම ලෝකයේ වේවා ප්‍රේත ලෝකයේ වේවා නිරයේ වේවා තිරිසන් ලෝකයේ වේවා මනුස්ස ලෝකේ වේවා යම් ඇසක් ඇද්ද එය නාමරූපයෙන් හටගත්තු ඇසක්. යම් කනක් ඇද්ද, නාමරූපයෙන් හටගත් කනක්. යම් නාසයක් ඇද්ද නාමරූපයෙන් හටගත්තු නාසයක්. යම් දිවක් ඇද්ද නාමරූපයෙන් හටගත්තු දිවක්. යම් ශරීරයක් ඇද්ද නාමරූපයෙන් හටගත්තු ශරීරයක්. යම් මනසක් ඇද්ද නාමරූපයෙන් හටගත්තු මනසක්.

# නාමරූප වලින් හැදිච්ච දෙයින් නැවත නාමරූප ම හැදෙනවා....

නාමරූප වලින් නම් ඇහැ හැදිලා තියෙන්නේ ඒ ඇහෙන් ආයෙමත් නාමරූප ම හැදෙනවා. දැන් අපි ගත්තොත් අඹ ඇටේකින් ආයෙ අඹ ගහක් හැදෙන්නෙ නැද්ද? ඒ අඹ ගහේ ඇටේකින් ආයෙත් අඹ ගහක් හැදෙන්නෙ නැද්ද? ඒ අඹ ගහේ ඇටේකින් ආයෙ අඹ ගහක් හැදෙන්නෙ නැද්ද? ඒක තමයි ඒකේ තියෙන රටාව, නියමය. එතකොට නාමරූපයෙන් නෙමෙයි නම් මේ ඇහැ හැදුනේ මේ ඇහේ විඳීමක් හෝ හඳුනාගැනීමක් හෝ චේතනාවක් හෝ ස්පර්ශය හෝ මනසිකාරය හෝ මේ එකක්වත් හටගන්න විදිහක් නෑ.

දැන් ඔන්න බලන්න හිතලා බුදුරජාණන් වහන්සේ නාමය විස්තර කරලා තියෙන රටාව. කොහොමද විස්තර කරලා තියෙන්නේ? පළවෙනි එක වේදනා. දෙවෙනි එක සඤ්ඤා. තුන්වෙනි එක චේතනා. හතරවෙනි එක ඵස්ස. පස්වෙනි එක මනසිකාර. ඇයි මේ විදිහට විස්තර කරලා තියෙන්නේ? දැන් ස්පර්ශය කීවෙනි තැනද තියෙන්නේ මේකේ? හතරවෙනි තැන. මනසිකාරය කීවෙනි තැනද තියෙන්නේ? පස්වෙනි තැන. මොකද ඒ?

## නාමරූප විස්තර වෙන රටාව....

ඒ රටාව අපි අල්ලගන්න ඕනේ. වේදනාව කියන එක හටගන්නේ මොකෙන්ද? ස්පර්ශයේ ප්‍රත්‍යයෙන්. සඤ්ඤාව හටගන්නේ මොකෙන්ද? ස්පර්ශය ප්‍රත්‍යයෙන්. චේතනාව හටගන්නේ මොකෙන්ද? ස්පර්ශය ප්‍රත්‍යයෙන්. එතකොට මේ තුනම හටගන්න මුල් වුනේ මොකක්ද?

ස්පර්ශය. ඒකයි ස්පර්ශය හතරවෙනි තැනට දාලා තියෙන්නේ. වේදනා, සඤ්ඤා, චේතනා, ඵස්ස කියන මේ හතරම හටගන්න මුල් වෙන්නේ මොකක්ද? මනසිකාරය. ඒකයි මනසිකාරය පස්වෙනියට දාලා තියෙන්නේ. එහෙම නැතුව ඒකෙන් අදහස් කරන්නේ විඳලා, හඳුනාගෙන, චේතනා පහළ කරලා, ස්පර්ශයට එනවා නෙමෙයි.

මට මතකයි ඉස්සර මං ඔය කොළඹ ඉන්න කාලේ පඤ්ච උපාදානස්කන්ධය ගැන වැරදි විදිහට තෝරපු එකක් මට අහන්න ලැබුනා. ඔය රූප, වේදනා, සඤ්ඤා, සංඛාර, විඤ්ඤාණ කියන එකේ විඤ්ඤාණය හැදෙන්න දෙන්න එපා. රූප, වේදනා, සඤ්ඤා, සංඛාර වලින් නවත්තගන්න කියලා. මං කිව්වා ඒක වැරදියි. එහෙම කරන්න බෑ. ඇයි හේතුව වේදනා, සඤ්ඤා, සංඛාර තුනම හටගන්නේ ස්පර්ශයෙන්. ස්පර්ශය ඇතිවෙන්නේ විඤ්ඤාණයත් එකතු වෙලානේ.

## මනසිකාරය නැත්නම් විඤ්ඤාණය හටගන්නේ නෑ....

විඤ්ඤාණය එකතු වෙච්ච නැති තැන ස්පර්ශයක් නෑ. ස්පර්ශයක් නැති තැන විඳීමක් නෑ. ස්පර්ශයක් නැති තැන හඳුනාගැනීමක් නෑ. ස්පර්ශයක් නැති තැන චේතනාවක් නෑ. එහෙනම් ඒ ඔක්කොම තියෙන්නේ ස්පර්ශය නිසා. හැබැයි ස්පර්ශය වෙන්නෙ නෑ මනසිකාරය නැත්නම්. ඒ කියන්නේ ඇසට රූපය හමු වුනාට ඇස තුළ මනස හැසිරවීමක් (මනසිකාරය) නැත්නම් ඒ රූපය පේන්නෙ නෑ. ඇස තුළ මනස හැසිරවීමක් තිබුනොත් තමයි පේන්නේ.

දැන් අපි මෙහෙම හිතමු. ඔන්න ඔබ ටීවී එක දිහා බලන් ඉන්නවා කියමු. ටීවී එකේ මොකක් හරි ටෙලි නාට්‍යයක් හරි චිත්‍රපටියක් හරි යනවා. ඒක යන වෙලාවේ ඔබෙන් කවුරුහරි මොනවහරි එකක් අහනවා. ඇහුවට ඔබට ඇහෙන්නෙ නෑ. කන තිබුනාද නැද්ද? කන තිබුනා. ශබ්දයක් බාහිරින් ආවද නැද්ද? බාහිරින් ශබ්දයක් ආවා. හැබැයි ඔබේ අවධානය තිබුනේ වෙන දිහාවකට. ඒ නිසා ඊට අදාළ මනසිකාරය කනේ ඇති වුනේ නෑ.

## බහින තැන පහුවෙලා....

දැන් ඔබ බස් එකේ යනකොට ඔබ බොහෝම බරපතල කල්පනාවකින් යනවා. 'අනේ.... මට වෙච්ච දෙයක්' කියලා තමන්ට වෙච්ච මොනවහරි විශාල දෙයක් ගැන විස්සෝපයට පත්වෙලා ඔබ දැන් යනවා. ටික දුරක් යද්දි බැලින්නම් බහින තැන පහුවෙලා. එහෙම වෙන්න පුළුවන් නෙ. ඊට පස්සේ දඩිමඩි ගහලා බෙල් ගහලා කෑ ගහලා බහිනවා. බැහැලා ආපහු පයින් එනවා. මොකක්ද ඒ වුනේ? ඇහැ තිබුනා. රූපෙත් පෙනුනා. හැබැයි මනසිකාරය නෑ. ඒ නිසා එතනදි කරන්න ඕන දේ කරන්න බැරිවුනා.

එහෙනම් අපට පැහැදිලිව පේනවා ස්පර්ශයට අනිවාර්යයෙන්ම ඕනේ මනසිකාරය. මනසිකාරය නැත්නම් විඤ්ඤාණය හටගන්නේ නෑ. විඤ්ඤාණයේ ක්‍රියාකාරීත්වයට සම්පූර්ණයෙන්ම උදව් වෙන දේ මනසිකාරය. එතකොට මනසිකාරය හරහා තමයි ඇසයි රූපයයි එකතු වෙන්නේ. එතකොට විඤ්ඤාණය හටගන්නවා. එහෙම වුනේ නැත්නම් ඇහෙන් දැකපු දෙයක් අපිට හිතෙන් මෙනෙහි කරන්න බෑ.

## මනසිකාරයේ සම්බන්ධය....

ඇසින් දැකපු දෙයක් පස්සේ අපි හිතෙන් මෙනෙහි කරන්නෙ එතනට මනසිකාරය සම්බන්ධ වෙලා තිබුන නිසා. කනෙන් අහපු දෙයක්, නාසයෙන් ආඝ්‍රාණය කරපු දෙයක්, දිවෙන් විඳපු රසයක්, කයට දැනෙන පහසක්, සිතට ආපු සිතිවිල්ලක් පස්සේ අපි හිතෙන් මෙනෙහි කරන්නෙ එතනට මනසිකාරය සම්බන්ධ වෙලා තිබුන නිසා. මනසිකාරයෙන් ස්පර්ශය හටගත්තට පස්සේ මනසිකාරයේ ක්‍රියාකාරීත්වය නැති වෙන්නේ නෑ. දිගටම තියෙනවා. ස්පර්ශය තියෙනකම් විඤ්ඤාණයේ ක්‍රියාකාරීත්වයත් දිගටම තියෙනවා.

ඊට පස්සේ ඒ විපස්සී බෝසතාණන් වහන්සේට නුවණින් විමසන්න පටන් ගන්නවා **කිම්හි නු බෝ සති නාමරූපං හෝති.** නාමරූප තිබෙන්නේ කුමක් තිබුනොත්ද? **කිම්පච්චයා නාමරූපං.** නාමරූප තියෙන්නේ කුමක් ප්‍රත්‍යයෙන්ද? කියලා. එතකොට ඒ විපස්සී බෝසතාණන් වහන්සේ නුවණින් විමසගෙන යද්දි ප්‍රඥාවෙන් අවබෝධ වුනා **විඤ්ඤාණේ බෝ සති නාමරූපං හෝති.** විඤ්ඤාණය තිබුනොත් තමයි නාමරූප තියෙන්නේ. **විඤ්ඤාණ පච්චයා නාමරූපං.** නාමරූප තියෙන්නේ විඤ්ඤාණය ප්‍රත්‍යයෙන්.

## විඤ්ඤාණය යනු කුමක්ද....?

ඊළඟට බුදුරජාණන් වහන්සේ විඤ්ඤාණය තෝරනවා. **කතමඤ්ච භික්ඛවේ විඤ්ඤාණං.** මහණෙනි, විඤ්ඤාණය යනු කුමක්ද? **ඡයිමේ භික්ඛවේ විඤ්ඤාණකායා.** මහණෙනි, මේ විඤ්ඤාණය සය

අයුරුය. **චක්ඛු විඤ්ඤාණං.** ඇසේ විඤ්ඤාණය. **සෝත විඤ්ඤාණං.** කනේ විඤ්ඤාණං. **ඝාණ විඤ්ඤාණං.** නාසයේ විඤ්ඤාණය. **ජිව්හා විඤ්ඤාණං.** දිවේ විඤ්ඤාණය. **කාය විඤ්ඤාණං.** කයේ විඤ්ඤාණය. **මනෝ විඤ්ඤාණං.** මනසේ විඤ්ඤාණය.

එහෙමනම් මේ විඤ්ඤණයත් තියෙන්නේ ආයතන හයේමයි. විඤ්ඤාණය හටගන්න තැන ඇස. විඤ්ඤාණය හටගන්න තැන කන. විඤ්ඤාණය හටගන්න තැන නාසය. විඤ්ඤාණය හටගන්න තැන දිව. විඤ්ඤාණය හටගන්න තැන කය. විඤ්ඤාණය හටගන්න තැන මනස. නාමරූපයෙන් තමයි ඇස, කන, නාසය, දිව, කය, මනස හය හටගන්නේ. නාමරූපයෙන් හටගන්න ඇස, කන, නාසය, දිව, කය, මනසේ තමයි විඤ්ඤාණය හටගන්නේ.

## විඤ්ඤාණයට උපමාවක්....

මේ සය ආකාර විඤ්ඤාණය ගැන බුදුරජාණන් වහන්සේ උපමාවකින් දේශනා කළා. ගින්නේ ස්වභාවය එකයි. නමුත් යම් ගින්නක් දර නිසා හටගන්නවාද ඒකට කියනවා දර ගින්න කියලා. යම් ගින්නක් කඩදහි නිසා හටගන්නවාද ඒකට කියනවා කඩදහි ගින්න කියලා. යම් ගින්නක් ගොම නිසා හටගන්නවද ඒකට කියනවා ගොම ගින්න කියලා. යම් ගින්නක් ලෑලි නිසා හටගන්නවද ඒකට කියනවා ලෑලි ගින්න කියලා. යම් ගින්නක් දහයියා නිසා හටගන්නවද ඒකට කියනවා දහයියා ගින්න කියලා. ඒ ඒ ගින්න උපද්දවන්න මූලික වෙච්ච දේ නමින් තමයි ඒ ඒ ගින්න හඳුන්වන්නේ.

විඤ්ඤාණයේ ස්වභාවය තමයි විශේෂයෙන් දැනගන්න එක. එතකොට ඒ විඤ්ඤාණය ඇසේ හටගන්න කොට ඒකට කියනවා ඇසේ විඤ්ඤාණය කියලා. විඤ්ඤාණය කනේ හටගන්න කොට ඒකට කියනවා කනේ විඤ්ඤාණය කියලා. විඤ්ඤාණය නාසයේ හටගන්න කොට ඒකට කියනවා නාසයේ විඤ්ඤාණය කියලා. විඤ්ඤාණය දිවේ හටගන්න කොට ඒකට කියනවා දිවේ විඤ්ඤාණය කියලා. විඤ්ඤාණය කයේ හටගන්න කොට ඒකට කියනවා කයේ විඤ්ඤාණය කියලා. විඤ්ඤාණය මනසේ හටගන්න කොට ඒකට කියනවා මනසේ විඤ්ඤාණය කියලා.

## පැළවෙන ස්වභාවයෙන් යුතු විඤ්ඤාණය....

එතකොට විඤ්ඤාණය හටගන්න බව අපි දන්නෙ කොහොමද? අපිට රූප පේන නිසා. අපිට සද්ද ඇහෙන නිසා. අපට ගඳ සුවඳ දැනෙන නිසා. මොනවා කෑවත් රස දැනෙන නිසා. කයට පහස දැනෙන නිසා. හිතට සිතුවිලි හිතෙන නිසා. මේ වෙන්නේ මොකක් නිසාද? විඤ්ඤාණයත් එක්ක එකතු වෙන නිසා. මෙහෙම එකතු වෙන්නේ නැත්නම් අපි මේ මොකුත් දන්නෙ නෑ. බුදුරජාණන් වහන්සේ දේශනා කළා මේ විඤ්ඤාණයේ තියෙන්නේ පැල වෙන දෙයක ඇති ක්‍රියාකාරීත්වයක් කියලා.

පැළ වෙන දේට කියනවා බීජ කියලා. ඇට වලින්ම විතරක් නෙමෙයිනේ මේ ගස් පැල වෙන්නේ. සමහර ගස් තියෙනවා දල්ල කඩලා හිටෙව්වහම පැළවෙනවා. සමහර ඒවායේ පැළවෙන්නේ පුරුක. පුරුක කපලා

හිටෙව්වහම පැළවෙනවා. සමහර ඒවායේ පැළවෙන්නේ මුල. මුල් කෑල්ලක් හිටෙව්වහම පැළවෙනවා. සමහර ඒවායේ පැළවෙන්නේ ඇටය. මේ ඔක්කොම හඳුන්වන පොදු නම තමයි බීජ. බීජය කියන එකේ අර්ථය තමයි පැළවෙන දේ. එතකොට බුදුරජාණන් වහන්සේ මේ ආයතන හය තුළ පැළවෙන දේ හැටියට පෙන්නුවේ එකයි. ඒ තමයි විඤ්ඤාණය.

## මැරෙනකොට චුත වෙන්නේ විඤ්ඤාණයයි....

දැන් මනුස්සයෙක් මැරෙනකොට මේ ශරීරයෙන් චුත වෙන්නේ විඤ්ඤාණය. විඤ්ඤාණයක් චුත වෙන්නේ නෑ ඒකට උදව් කරන්න මුකුත් නැත්නම්. උදව් කරන්න මුකුත් නැත්නම් ඒ විඤ්ඤාණය නිරුද්ධ වෙනවා. නිරුද්ධ වෙනවා කියන්නේ පහනක් නිවිලා යනවා වගේ ඒ විඤ්ඤාණය නොපෙනී යනවා. අනිත් විඤ්ඤාණ බීජයක් වගේ කුඹුරක් හොයාගෙන යනවා. පැළවෙන තැනක් හොයාගෙන යනවා. කලින් ආත්මෙක විඤ්ඤාණය චුත වෙලා මේ ආත්මේ මිනිස් මව් කුසක අපේ විඤ්ඤාණය පිළිසිඳ ගත්තා. පිළිසිඳ ගත්තට පස්සේ නාමරූප ප්‍රත්‍යයෙන් මේ විඤ්ඤාණය වැඩෙනවා.

විඤ්ඤාණය වැඩෙන්නේ ඇහේ හටගන්න පුළුවන් විදිහට. කනේ හටගන්න පුළුවන් විදිහට. නාසයේ හටගන්න පුළුවන් විදිහට. දිවේ හටගන්න පුළුවන් විදිහට. කයේ හටගන්න පුළුවන් විදිහට. මනසේ හටගන්න පුළුවන් විදිහට. ඊට පස්සේ ඔන්න අපි උපන්නා. දැන්

අපි සෑහෙන්න වයසට ගිය උදවිය. දැන් මේ තාක් අපි ඇස් වලින් බැලුවා. කන් වලින් ඇහුවා. ඇහෙන් බලපු එක නෙමෙයි අපිට වැරදිච්ච තැන. කනෙන් අහපු එකත් නෙමෙයි අපිට වැරදිච්ච තැන.

## මේක අනුන්ගේ එකක්. මට එපා....

අපි ගත්තොත් ඔන්න කාගේ හරි වටිනා බඩුවක් තියෙනවා. ඔන්න ඇහෙන් දැක්කා. දැක්ක ගමන් ඇහැ සංවර නැති කෙනෙක් නම් එයාට ඉස්සෙල්ලාම ඇති වෙනවා සොර සිත. ඒකේ ආශ්වාදයට සිත ඇලිලා 'අනේ මේක මට ගන්න ඇත්නම්' කියලා හිතනවා. එතකොටම එයාට හිතෙනවා 'නෑ... මේ අනුන්ගේ දෙයක්. මේක ඕන නෑ' කියලා. හිතපු ගමන් ඒක එයාට මතක නැතුව යනවා. ඒක බරපතල වුනේ නෑ. සොරසිත ඇතිවුනා. නමුත් එතනම ඒක නැතිවුනා.

තව කෙනෙක් එතනටම යනවා. ඒක දකිනවා. 'මේක අනුන්ගේ දෙයක්. නමුත් මේක මට ගන්න ඕනෙ' කියලා වටපිට බලනවා. එතකොට ඔන්න එතනින් වෙන කවුරුහරි යනවා. මෙයා නොදැක්කා වගේ එතනින් මග අරිනවා. ඈතට ගිහින් ආයෙ බලන් ඉන්නවා. ආයෙ එනවා. එතකොට ආයෙ කවුරුහරි එනවා ඒ පැත්තෙන්. මෙයා ආයෙත් නොදැක්කා වගේ යනවා. දැන් මෙයාගේ හිතේ නිතර නිතර වැඩ කරන්නේ 'අරක ගනින්... ගනින්...' කියලයි. ඊට පස්සේ මෙයා හිමීන් එනවා. ඇවිල්ලා ගන්නවා.

# විඤ්ඤාණය වෙනස් වෙන්නේ කර්මයට අනුවයි....

එතකොට බලන්න ඇහැත් ඒකට රැකුල් දුන්නා. කයත් රැකුල් දුන්නා. එයාගේ මිත්‍යා දෘෂ්ටියත් උදව් කළා. ඇයි මෙයා පින්පව් පිළිගන්න කෙනෙක් නෙමෙයි. පින්පව් පිළිගන්න කෙනෙක් නම් එච්චර දුර පැටලි පැටලී යන්නෙ නෑ. පොඩි වෙලාවකින් එයා ඒක අතඅරිනවා 'මේක ඕන නෑ. මේක නුසුදුසුයි' කියලා. එහෙම කරගන්න බැරුව පැටලුනා. ඒ හැම වෙලාවෙම මේ විඤ්ඤාණය තමයි ඊට අනුව වෙනස් වෙන්නේ. විඤ්ඤාණය වෙනස් වෙන්නේ කර්මයට අනුවයි. සමහර අවස්ථාවල් තියෙනවා මේ විඤ්ඤාණය නිශ්චිතව වෙනස් වෙනවා. නිශ්චිතව කියන්නේ ස්ථිරව වෙනස් වෙනවා.

දැන් ඔන්න කාගේ හරි තාත්තා කෙනෙක් බරපතල ලෙස රෝගාතුර වෙලා දුක් විඳ විඳ ඉන්නවා. එයා ඩොක්ටර්ට ගිහින් කියනවා 'ඩොක්ටර්, මගේ තාත්තා දුක් විඳිනවා මට බලන්න බෑ. මේ තාත්තාට ඉන්ජෙක්ෂන් එකක් ගහන්න' කියලා. 'එහෙනම් මේ කොලේ අත්සන් කරන්න' කියලා ඩොක්ටර් කියනවා. දැන් මෙයා තමන්ගේ අතින් කොළේ අත්සන් කරනවා. දැන් ඔන්න තාත්තාට ඉන්ජෙක්ෂන් එක ගහනවා. තාත්තා මැරුනා. එතන තාත්තා මැරෙනකොටම මෙයාගේ සකස් වෙවී තියෙන විඤ්ඤාණයේ ක්‍රියාකාරීත්වය වෙනස් වෙනවා. හරි පුදුමයි නේද? ඊට පස්සේ කිසි කෙනෙකුට මෙයාව බේරන්න බෑ. මරණින් මත්තේ නිරයේ යනවා.

## මැරිලා ගිහිල්ලා බටහිර රටක උපන්නොත්....

දැන් අපි කියමු මේ මනුස්ස ලෝකෙම ආයෙ ඉපදිලා සැප විඳින්න ආසා කෙනෙක් පින් කර කර ප්‍රාර්ථනා කරනවා කියමු වෙන රටක උපදින්න. 'මෙහේ සැප නෑ. හමත් සුදු නෑ. ඉංගිරීසිත් නෑ. වෙන රටකට යන්න ඕනෙ. සුද්දෙක් හරි සුද්දියක් හරි වෙලා උපදින්න ඕනෙ' කියලා හිතනවා කියමු. ඔන්න මැරිලා ගිහිල්ලා බටහිර රටක සල්ලිකාර පවුලක උපන්නා. ඉපදිලා ඔන්න සල්ලි තිබුනා. කෑවා බිව්වා. නිවාඩු වලට හැම තැනම ගියා. මුහුදේ නෑවා ඕවනේ තියෙන්නේ ඉතින්.

දැන් සම්මා දිට්ඨියක් නෑ. මෙයා මෙහෙන් චුත වෙලා ගියේ සෝවාන් වෙලාත් නෙමෙයි. ඊට පස්සේ ඒ පරිසරයේ තියෙන දැනුම නේද එයාට ලැබෙන්නේ? පොඩි කාලේ ඉඳලා එහේ උගන්වන්නේ 'කාටවත් කරදර කරන්න ඕනෙ නෑ. ගෙදර බල්ලත් අසනීප නම් මරාපං. අම්මා තාත්තත් අසනීප නම් මැරෙන්න අවසර දෙන්න' කියලා. මෙහෙම රටාවක මෙයා හැදෙනවා. ඔන්න මෙයාගේ අම්මා තාත්තා වයසට යනවා. එක්කෝ අසනීපෙකට ලක්වෙනවා. එක්කෝ ඇක්සිඩන්ට් වෙලා දුකට පත්වෙලා අතපය තුවාල වෙලා ඉන්නවා.

## මේ ආත්මේ නොකළ දේ ලබන ආත්මේ කරන්න පුළුවන්....

අම්මත් කියනවා මට නම් දැන් වැඩක් නෑ ජීවත් වෙලා කියලා. ඉතින් මෙයත් ඩොක්ටර්ස්ලට කියනවා

'අනේ මගේ අම්මට සමාදානයේ සැතපෙන්න දෙන්න' කියලා. එතකොට ඉන්ජෙක්ෂන් එක ගහනවා. ඔන්න ආනන්තරිය පාප කර්මය කරනවා. එහෙනම් මේ ආත්මේ බේරුනාට ලබන ආත්මේ අහුවෙන්න පුළුවන්. එතකොට ලබන ආත්මේ බැරිවෙලාවත් එහෙම වෙලා එයා ඒ ආත්මෙන් චුත වුනාට පස්සේ කොහෙද යන්නේ? නිරයේ. විඤ්ඤාණය නෙමෙයි එතකොට පුද්ගලයාව නිරයට ගෙනියන්නේ. විඤ්ඤාණය හැදෙන්නේ කර්මයට අනුවයි. එහෙනම් අපේ මේ ජීවිත පැවැත්මේ ලොකු වගකීමක්, ලොකු කාර්යභාරයක්, ලොකු බරක් දරාගෙන යන්නේ කර්මයයි.

## කර්මයේ දායාදය....

බුදුරජාණන් වහන්සේගෙන් ඇහුවනේ දවසක් අර සුභ කියන තරුණයා 'භාග්‍යවතුන් වහන්ස, මේ ලෝකෙ අපිට පේනවා කිව්වා ධනවත් අය. අපට පේනවා කිව්වා බොහොම දුප්පත් අය. අපිට පේනවා කිව්වා ලස්සන අය. ඒ වගේම අපිට පේනවා කිව්වා කැත අය. අපිට පේනවයි කිව්වා ලෙඩ්ඩු. ඒ වගේම පේනවයි කිව්වා නීරෝගී අය. අපිට පේනවයි කිව්වා බොහොම මෝඩ අය. ඒ වගේම පේනවයි කිව්වා ප්‍රඥාවන්ත අය. එකම මනුස්ස වර්ගයාට මේ මොකෝ මේ වෙනස්කම කියලා ඇහුවා. එතකොට බුදුරජාණන් වහන්සේ උත්තර දුන්නේ කොහොමද?

**කම්මස්සකා** මානව **සත්තා** තරුණය, මේ සත්වයෝ තමන්ගේ දෙය කරගෙන සිටින්නේ කර්මයයි. **කම්මදායාදා.** කර්මය තමයි දායාද කරගෙන ඉන්නේ. **කම්මයෝනි.** කර්මය තමයි උප්පත්ති ස්ථානය. **කම්මබන්ධූ.** කර්මය තමයි ඤාතියා. **කම්මපටිසරණා.** කර්මය තමයි පිහිට.

**යං කම්මං කරිස්සන්ති** යම් කර්මයක් කරයිද **කල්‍යාණං වා පාපකං වා** හොඳ දෙයක් වෙන්න පුළුවනි. නරක දෙයක් වෙන්න පුළුවනි. **තස්ස දායාදා භවිස්සන්ති.** එහි හිමිකරුවා ඔහුය. ඒ කර්ම රටාව තුළ තමයි මේ පටිච්ච සමුප්පාදය තියෙන්නේ.

## විඤ්ඤාණය හටගන්නේ කුමක් නිසාද....?

එතකොට ආයතන වලට හේතු වුනේ නාමරූප. නාමරූපයට හේතු වුනේ විඤ්ඤාණය. දැන් මං විඤ්ඤාණය ගැන ඔබට සෑහෙන්න විස්තර කරලා දුන්නා. ඊට පස්සේ බුදුරජාණන් වහන්සේ දේශනා කරනවා " එකල්හී මහණෙනි, විපස්සී බෝසතාණන් වහන්සේ මෙහෙම හිතුවා. **කිම්හි නු ඛෝ සති විඤ්ඤාණං හෝති.** විඤ්ඤාණය තිබෙන්නේ කුමක් තිබුනොත්ද? **කිම්පච්චයා විඤ්ඤාණන්ති.** කුමක් නිසාද විඤ්ඤාණය හටගන්නේ? කියලා" එතකොට ඒ විපස්සී බෝසතාණන් වහන්සේ නුවණින් මෙනෙහි කරද්දි ප්‍රඥාවෙන් අවබෝධ වුනා **සංඛාරේසු ඛෝ සති විඤ්ඤාණං හෝති. සංඛාර පච්චයා විඤ්ඤාණං.** සංස්කාර තියෙනකොට තමයි විඤ්ඤාණය තියෙන්නේ. සංස්කාර ප්‍රත්‍යයෙන් තමයි විඤ්ඤාණය හටගන්නේ.

## සංස්කාර තුනක් තියෙනවා....

සංස්කාර ගැන බුදුරජාණන් වහන්සේ මෙන්න මේ විදිහට විස්තර කරනවා. සංස්කාර කියන වචනෙත් විඤ්ඤාණය වගේ ටිකක් ගැඹුරු වචනයක්. සංස්කාර කියන වචනය බොහෝ තැන්වල යොදන වචනයක්. දැන් මෙතන විස්තර කරනවා **කතමේ ච භික්ඛවේ සංඛාරා.**

මහණෙනි, මේ සංස්කාරයෝ මොනවාද? **තයෝමේ භික්ඛවේ සංඛාරා.** මහණෙනි, සංස්කාරයෝ තුනකි. **කාය සංඛාරෝ.** කය නම් වූ සංස්කාර. **වචී සංඛාරෝ.** වචනය නම් වූ සංස්කාරය. **චිත්ත සංඛාරෝ.** සිත නම් වූ සංස්කාර.

මේ සංස්කාර ගැන බුද්ධ දේශනා වල එක එක විදිහට තියෙනවා. එක තැනක කාය සංඛාර, වචී සංඛාර, මනෝ සංඛාර කියලත් සඳහන් වෙනවා. ඊළඟට පංච උපාදානස්කන්ධ විස්තර කරන තැන සංඛාර කියන වචනය විස්තර කරලා තියෙනවා සඤ්චේතනා කියලා. පඤ්ච උපාදානස්කන්ධයේ සංස්කාර විස්තර කරන්නේ **ඡයිමේ භික්ඛවේ චේතනාකායා.** මහණෙනි, චේතනාකාය සයකි. රූප **සඤ්චේතනා. සද්ද සඤ්චේතනා, ගන්ධ සඤ්චේතනා, රස සඤ්චේතනා, ඵොට්ඨබ්බ සඤ්චේතනා, ධම්ම සඤ්චේතනා.**

## සය ආකාර වූ චේතනාව....

එතකොට එතන සංස්කාර කියලා විස්තර කරලා තියෙන්නේ චේතනා. චේතනා කියන්නේ කර්මය. ඇහැට පේන රූපය මුල්කරගෙන චේතනා පහළවීම රූප සඤ්චේතනා. කනින් අහන ශබ්ද මුල්කරගෙන චේතනා පහළවීම සද්ද සඤ්චේතනා. නාසයට දැනෙන ගඳ සුවඳ මුල්කරගෙන චේතනා පහළවීම ගන්ධ සඤ්චේතනා. දිවට දැනෙන රසය මුල්කරගෙන චේතනා පහළවීම රස සඤ්චේතනා. කයට දැනෙන පහස මුල්කරගෙන චේතනා පහළවීම ඵොට්ඨබ්බ සඤ්චේතනා. මනසට සිතෙන අරමුණු මුල්කරගෙන චේතනා පහළවීම ධම්ම සඤ්චේතනා. ඒත් සංස්කාර.

## සංඛතයක ලක්ෂණ....

උන්වහන්සේ සංස්කාර විස්තර කරනවා තවදුරටත්. **සංඛතං අභිසංඛරොන්තීති සංඛාරා.** සංඛතය කියලා කියන්නේ හේතූන් නිසා සකස් වෙච්ච දේ. සංඛතයක ලක්ෂණ තුනක් තියෙනවා. **උප්පාදො පඤ්ඤායති.** හටගැනීමක් පෙනේ. **වයෝ පඤ්ඤායති.** නැසීමක් පෙනේ. **ඨිතස්ස අඤ්ඤථත්තං පඤ්ඤායති.** වෙනස් වෙවී තිබීමක් පෙනේ. දැන් මේ ගොඩනැගිල්ලක් හදපු වෙලාවේ ඉඳලා වෙනස් වෙවී තියෙන්නේ. බලාගෙන ඉන්දෙද්දි පරණ වෙනවා. හටගැනීමක් පේනවා. නැසීයාමක් පේනවා. වෙනස් වෙවී පැවතීමක් පේනවා. ඒක තමයි සංඛතයක ලක්ෂණය. **සංඛතං අභිසංඛරොන්තීති සංඛාරා.** ඒ සංඛතයක්ම නැවතත් හදන එකට කියනවා සංස්කාර කියලා.

## කාය සංඛාර, වචී සංඛාර, චිත්ත සංඛාර....

මේ සංස්කාර තව තෝරපු තැනක් අපට හම්බ වෙනවා මජ්ඣිම නිකායේ චූළ වේදල්ල සූත්‍රයේ. ඒ දේශනාවෙදි ධම්මදින්නා භික්ෂුණියගෙන් විශාඛ උපාසක අහනවා කාය සංඛාර කියන්නේ මොනවාද කියලා. එතකොට ධම්මදින්නා භික්ෂුණිය කියනවා කාය සංස්කාර කියන්නේ ආශ්වාස ප්‍රශ්වාස වලට කියලා. වචී සංඛාර කියන්නේ මොනවාද කියලා අහනවා. එතකොට විස්තර කරනවා වචී සංඛාර කියන්නේ විතක්ක විචාර වලට කියලා. චිත්ත සංඛාර කියන්නේ මොනවාද කියලා අහනවා. එතකොට විස්තර කරනවා චිත්ත සංස්කාර කියන්නේ සඤ්ඤා, වේදනා දෙකට කියලා.

බුදුරජාණන් වහන්සේ එක තැනක විස්තර කරනවා "මහණෙනි, කාය සංඛාර කියලා ආශ්වාස ප්‍රශ්වාස වලට කියන්නේ කය හා බැඳී තියෙන නිසා. විතක්ක විචාර වලට වචී සංස්කාර කියලා කියන්නේ වචනය හා බැඳී තියෙන නිසා. සඤ්ඤා වේදනා දෙකට චිත්ත සංඛාර කියන්නේ සඤ්ඤා වේදනා දෙක සිත හා බැඳී තියෙන නිසා" කියලා.

## මනසිකාරය වැඩකරන හැටි....

දැන් අපි ළඟ හුස්ම ගන්න හෙළන එක තියෙනවා. විතක්ක විචාර තියෙනවා. හඳුනගන්න විඳින එක තියෙනවා. එතකොට ස්පර්ශය ප්‍රත්‍යයෙන් තමයි විඳීමයි හඳුනාගැනීමයි තියෙන්නේ. ඒ වගේම මේවා සිත හා බැඳිලයි තියෙන්නේ. එතකොට මේ ආශ්වාස ප්‍රශ්වාස, විතක්ක විචාර, සඤ්ඤා වේදනා මේවා ක්‍රියාත්මක වෙනකම් ශරීරය තුළ මනසිකාරය වැඩ කරනවා. මනසිකාරය වැඩ කරනකොට ඇහෙන් රූපයක් බලද්දි ඇහේ විඤ්ඤාණය හටගන්නවා. කනෙන් ශබ්දයක් අසද්දි කනේ විඤ්ඤාණය හටගන්නවා. නාසයෙන් ආඝ්‍රාණය කරද්දි නාසයේ විඤ්ඤාණය හටගන්නවා. දිවෙන් රස විඳිද්දි දිවේ විඤ්ඤාණය හටගන්නවා. කයට පහස දැනෙද්දි කයේ විඤ්ඤාණය හටගන්නවා. මනසට අරමුණු ගනිද්දි මනසේ විඤ්ඤාණය හටගන්නවා.

## හුස්මටත් බැඳිලයි ඉන්නේ....

එතකොට ඒ විදිහට විඤ්ඤාණය හටගැනීම නිසා නාමරූපයන්ගේ ක්‍රියාකාරීත්වය මේ ඇස, කන, නාසය, දිව, කය, මනසේ දිගටම තියෙනවා. දැන් බලන්න

හිතලා අපට තේරෙන්නෙ නැති වුනාට අපි මේ හුස්මට බැඳිලද නැද්ද? හුස්ම ගන්න බැරි වෙන්න ඕනෙ මේක අපිට තේරෙන්න. දැන් අපි ඔහේ ඉන්නවා. අපි හුස්ම ගන්නවා. හුස්ම හෙළනවා. බැරිවෙලාවත් ගන්න හුස්ම හෙළාගන්න බැරිවුනොත් කලබල වෙන්නෙ නැද්ද අපි? කලබල වෙනවා. පහළට හෙළපු හුස්ම ඉහළට ගන්න බැරිවුනොත් කලබල වෙන්නෙ නැද්ද අපි? කලබල වෙනවා. එතකොට අපි ආශ්වාස ප්‍රශ්වාසයේත් එල්ලෙනවා. විතක්ක විචාරයේත් එල්ලෙනවා. සඤ්ඤා වේදනාවේත් එල්ලෙනවා.

## සංස්කාර හටගන්නේ අවිද්‍යාව නිසා....

බුදුරජාණන් වහන්සේ ඊට පස්සේ විස්තර කරනවා "මහණෙනි, ඊට පස්සේ විපස්සී බෝසතාණන් වහන්සේ කල්පනා කළා 'මේ සංස්කාර ඇතිවෙන්නේ කුමක් තිබුනොත්ද? කුමක් නිසාද සංස්කාර හටගන්නේ?' කියලා. ඒ විදිහට නුවණින් විමසද්දි උන්වහන්සේට ප්‍රඥාවෙන් අවබෝධ වුනා සංස්කාර හටගන්නේ අවිද්‍යාව නිසා කියලා" එතකොට මේ ලෝකයේ හැම තැනම ජීවත් වෙන සියලූම මනුෂ්‍යයන් හුස්ම හෙළන්නේ, හුස්ම ගන්නේ, විතක්ක විචාර කරන්නේ, හඳුනගන්නේ, විඳින්නේ, මේ ඔක්කොම කරන්නේ අවිද්‍යාව තියෙනකම් කියනවා.

අවිද්‍යාව කියන්නේ මොකක්ද? **යං බෝ භික්ඛවේ දුක්ඛේ අඤ්ඤාණං.** මහණෙනි, දුක ගැන යම් අවබෝධ නොවීමක් ඇද්ද. **දුක්ඛ සමුදයේ අඤ්ඤාණං.** දුක් හටගන්න හේතුව තෘෂ්ණාවයි කියලා අවබෝධ නොවීමක් ඇද්ද, **දුක්ඛ නිරෝධෙ අඤ්ඤාණං.** තෘෂ්ණාව නිරුද්ධ

වීමෙන් දුකෙන් නිදහස් වෙන්න පුළුවන් කියන කාරණය ගැන අවබෝධයක් නැද්ද, **දුක්ඛ නිරෝධගාමිනී පටිපදාය අඤ්ඤාණං.** ආර්ය අෂ්ටාංගික මාර්ගයේ ගමන් කළොත් තෘෂ්ණාව නිරුද්ධ කරලා මේ දුකෙන් නිදහස් වෙන්න පුළුවන් කියලා අවබෝධයක් නැද්ද ඒක තමයි අවිද්‍යාව.

## අවිද්‍යාවෙන් වැසුණු තණ්හාවෙන් බැඳුනු සත්වයන්....

ඒ අවිද්‍යාව තුළ තමයි මේ කාය සංස්කාර තියෙන්නේ. අවිද්‍යාව තුළ තමයි වචී සංස්කාර තියෙන්නේ. අවිද්‍යාව තුළ තමයි චිත්ත සංස්කාර තියෙන්නේ. එතකොට මේ මනුස්සයෙකුගේ ජීවිතය තුළ ප්‍රධාන තැන් දෙකක් තියෙනවා. එකක් තමයි අවිද්‍යාව. ඒ අවිද්‍යාව නිසා තමයි මමය, මාගේය, මාගේ ආත්මය කියාගෙන සක්කාය දිට්ඨිය තුළ එයා ඉන්නේ. ඒ අනවබෝධයෙන් උපද්දවලා දෙනවා තෘෂ්ණාව. ඒක තමයි දෙවෙනි එක.

ඒකයි බුදුරජාණන් වහන්සේ දේශනා කරලා තියෙන්නේ **අවිජ්ජා නීවරණානං සත්තානං තණ්හා සංයෝජනානං** අවිද්‍යාවෙන් වැසීගිය, තණ්හාවෙන් බැඳීගිය සත්වයෝ කියලා. භවය විස්තර කරන තැනත් උන්වහන්සේ දේශනා කරනවා අවිද්‍යාවෙන් වැසීගිය තණ්හාවෙන් බැඳී ගිය සත්වයාගේ විඤ්ඤාණය හීන ධාතුවේ පිහිටියාම කාම භවය. අවිද්‍යාවෙන් වැසීගිය තෘෂ්ණාවෙන් බැඳී ගිය සත්වයාගේ විඤ්ඤාණය මධ්‍යම ධාතුවේ පිහිටියාම රූප භවය. අවිද්‍යාවෙන් වැසීගය තෘෂ්ණාවෙන් බැඳී ගිය සත්වයාගේ විඤ්ඤාණය ප්‍රණීත ධාතුවේ පිහිටියාම අරූප භවය. භවය විස්තර කරගන්න තියෙන්නේ එහෙම.

# දුක පිණිස හේතුඵල සකස් වුනේ මෙහෙමයි....

ඊළඟට මේකේ බුදුරජාණන් වහන්සේ විස්තර කරනවා "මහණෙනි, විපස්සී බෝසතාණන් වහන්සේට මේ විදිහට පටිච්චසමුප්පාදය අවබෝධ වුනා. **ඉතිහිදං අවිජ්ජා පච්චයා සංඛාරා.** මෙසේ මේ අවිද්‍යාව හේතුවෙන් සංස්කාරයෝ ඇතිවෙනවා. **සංඛාර පච්චයා විඤ්ඤාණං.** සංස්කාර හේතුවෙන් විඤ්ඤාණය ඇතිවෙනවා. **විඤ්ඤාණ පච්චයා නාමරූපං.** විඤ්ඤාණය හේතුවෙන් නාමරූප ඇතිවෙනවා. **නාමරූප පච්චයා සළායතනං.** නාමරූප හේතුවෙන් ආයතන හය ඇතිවෙනවා. **සළායතන පච්චයා ඵස්සෝ.** ආයතන හය හේතුවෙන් ස්පර්ශය ඇතිවෙනවා. **ඵස්ස පච්චයා වේදනා.** ස්පර්ශය හේතුවෙන් විඳීම ඇතිවෙනවා.

**වේදනා පච්චයා තණ්හා.** විඳීම හේතුවෙන් තණ්හාව ඇතිවෙනවා. **තණ්හා පච්චයා උපාදානං.** තණ්හාව හේතුවෙන් උපාදාන ඇතිවෙනවා. **උපාදාන පච්චයා භවෝ.** උපාදාන හේතුවෙන් භවය ඇතිවෙනවා. **භව පච්චයා ජාති.** භවය හේතුවෙන් ඉපදෙනවා. එහෙනම් කර්මය සම්පූර්ණයෙන්ම රුකුල් දෙනවා ඉපදීමට. එතන ඉඳලා දුක තමයි තියෙන්නේ. **ජාති පච්චයා ජරාමරණං සෝකපරිදේව දුක්ඛදෝමනස්සුපායාසා සම්භවන්ති.** ඉපදීම නිසා ජරා මරණ සෝක වැලපීම් දුක් දොම්නස් සුසුම් හෙළීම් සියල්ල හටගන්නවා. **ඒවමේතස්ස කේවලස්ස දුක්ඛක්ඛන්ධස්ස සමුදයෝ හෝති.** මේන්න මෙහෙමයි කියනවා සියලුම මේ මහා දුක්ඛස්කන්ධය හටගන්නේ.

## පෙර නොඇසූ විරූ ධර්මයන්හි දහම් ඇස පහළ වුනා....

සමුදයෝ සමුදයෝති භික්ඛවේ විපස්සිස්ස බෝධිසත්තස්ස පුබ්බේ අනනුස්සුතේසු ධම්මේසු චක්ඛුං උදපාදි. ඤාණං උදපාදි. පඤ්ඤා උදපාදි. විජ්ජා උදපාදි. ආලෝකෝ උදපාදි. එතකොට මහණෙනි, ඒ විපස්සී බෝසතාණන් වහන්සේට 'දුකේ හටගැනීම, දුකේ හටගැනීම' කියලා පෙර නොඇසූ විරූ ධර්මයන්හී දහම් ඇස පහළ වුනා. ඤාණය පහළ වුනා. ප්‍රඥාව පහළ වුනා. විද්‍යාව පහළ වුනා. ආලෝකය පහළ වුනා. එහෙනම් ඉස්සෙල්ලාම කෙනෙක් ඉගෙන ගන්න ඕනෙ දුක හටගන්නේ කොහොමද කියන එකයි. දුක හටගන්නේ කොහොමද කියන එක දන්නෙ නැත්නම් දුක නැති කරන්නේ කොහොමද කියලා දන්නෙ නෑ.

## හිට්ලර්ගේ මැෂින් එක....

දෙවෙනි ලෝක යුද්ධයේදී හිට්ලර් මේ මුළු ලෝකෙම අල්ලන්න යුද්ධ කරගෙන යද්දි එයා ළඟ තිබුනා සංඥා දෙන මැෂින් එකක් හදලා. ඒ මැෂින් එකෙන් එන සංඥා වෙන කාටවත් අල්ලගන්න බෑ මේ මොකක්ද කියන්නේ කියලා. එතකොට ඒ මැෂින් එකේ උපකාරයෙන් තමයි හිට්ලර් හැම තැනටම ගහගෙන ගිහිල්ලා මේ ලෝකය අල්ලගෙන අල්ලගෙන ගියේ. ඒ වෙද්දි එංගලන්තයේ වැඩිපුර දියුණු කරලා තිබුනේ නාවික බලයයි. ඒ නාවික බලයෙන් තමයි ඒගොල්ලෝ අපේ රටවල් එහෙම අල්ලගෙන විනාශ කළේ.

භූමියේ බලය තියෙන්නේ සම්පූර්ණයෙන්ම මිසයිල වලිනුයි යුධ ටැංකි වලිනුයි. ඊට පස්සේ ඇමරිකන් හමුදාවේ සුද්දෙක් ඉදිරිපත් වුනා මං කොහොම හරි මේ මැෂින් එක වැඩ කරන හැටි හොයාගන්නම් කියලා. කොච්චර ඕනෙද සල්ලි කියලා ඇහුවා. දැන් ඇමරිකාවෙන් මෙයා ඉල්ලන ඉල්ලන මුදල් ප්‍රමාණය දෙනවා. මෙයත් අවුරුදු ගාණක් වයරුයි වෙන අනං මනං කෑලියි දදා හදනවා හදනවා හදනවා. ඒ අතරේ මෙහේ යුද්දෙත් යනවා. අන්තිමේදී මේක කාමරයක් පිරෙන්න තරම් විශාල මැෂින් එකක්.

## කොම්පියුටරය සොයාගත් හැටි....

ඔහොම කරද්දි දවසක් අහම්බෙන් දැන් මෙයා අකුරු ගහද්දි එකපාරට ඒ අකුරු ටික වැඩ කරන්න පටන් ගත්තා. අන්න එතකොට අර හිට්ලර් ළඟ තිබුන මැෂින් එක වැඩකරන හැටි අල්ලගන්න පුළුවන් වුනා. අනිත් අය ඇහුවා ඒ මනුස්සයගෙන් මොකක්ද මේ කියලා. මේක තමයි ආර්ටිෆිෂල් බ්‍රේන් කෘතිම මොළය. මේකට කියන්න පුළුවන් කිව්වා නමක් කොම්පියුටර් කියලා. එහෙමයි කොම්පියුටරේ ආවේ. එතකොට එදා හදපු ඒ කොම්පියුටරය කාමරයක් පිරෙන්න තරම් ලොකු එකක්. දැන් කොම්පියුටරේ මේ චූටි පෙත්තක් වගේනේ. ඒ මැෂින් එක හැදුවට පස්සේ තමයි හිට්ලර්ගේ සීක්‍රට් මැසේජස් රහසේ එවන පණිවිඩ ඔක්කොම කඩන්න පුළුවන් වුනේ.

ඊට පස්සේ නාසි හමුදාව ආතතභූත වෙලා ගියා. කරගන්න දෙයක් නැතිවුනා. ඇයි අරහෙන් පණිවිඩ යවනකොට ඇමරිකන්කාරයෝ මෙහෙන් වෙන පණිවිඩ දානවා ඒකට. එතකොට ඒක වැටෙනවා ඒකේ. එහෙම

තමයි ඒ යුද්දේ නැති කළේ. ඒ සුද්දා තනියම මහන්සි වෙවී තමයි මේක හොයාගත්තේ. එයා ඒකෙන් හරී කරදරයට පත්වුනා. සමහරු මෙයා බොරු කරනවා කියලා එයාව හමුදාවෙන් අයින් කරලා ආයෙ ෂෙල් එකට දාන්න හැදුවා. නමුත් එයා අධික මහන්සියක් අරගෙන ඒ මැෂින් එක හැදුවා. හදලා හිට්ලර් යවන පණිවිඩ එහෙමම ගත්තා. අරගෙන ඒ මැෂින් එක පාවිච්චි කරලා අර මැෂින් එක කැඩුවා.

## මට නම් ආයෙ උපදින්න අදහසක් නෑ....

දැන් බලන්න මේ සසර ගමන හැදෙන හැටි දන්නෙ නැතුව බණ පදයක් දෙකක් ඉගෙනගෙන කවුරුහරි කිව්වොත් එහෙම 'නෑ... මට නම් ආයෙ උපදින්න අදහසක් නෑ' කියලා පුළුවන්ද එයාට කරන්න ඒක? ඇයි ඒක ප්‍රඥාවෙන් යුක්ත කතාවක් නෙමෙයි. මේකේ තියෙන න්‍යාය තමයි ඕනෙම දේක හැදිච්ච හැටි දන්නවා නම් ඒක කැලි ගලවලා අයින් කරන්න පුළුවන්. එතකොට මේ සසර ගමන හැදෙන්න උදව් කරලා තියෙන්නේ ප්‍රධාන කරුණු දෙකක්. එකක් අවිද්‍යාව. අනික තණ්හාව.

දැන් අපි කිව්වා විපස්සී බුදුරජාණන් වහන්සේට 'දුකේ හටගැනීම, දුකේ හටගැනීම' කියලා පෙර නොඇසූ විරූ ධර්මයන්හි දහම් ඇස පහළ වුනා. ඤාණය පහළ වුනා. ප්‍රඥාව පහළ වුනා. විද්‍යාව පහළ වුනා. ආලෝකය පහළ වුනා කියලා. එහෙමනම් විද්‍යාව පහළ වුනා කියන්නේ එතකොට දුකත් අහුවෙලා. දුක හටගන්න විදිහත් අහුවෙලා. දුක නැති කරන විදිහත් අහුවෙලා. දුක නැතිකරන මාර්ගයත් අහුවෙලා. ඒකයි බුදුරජාණන් වහන්සේ අවිද්‍යාව විස්තර කරන්නේ එයා දුක දන්නෙත්

නෑ. දුක හටගන්න හේතු වෙලා තියෙන්නේ මොනවද කියලා දන්නෙත් නෑ. ඒ දුක නැති කරන්න දන්නෙත් නෑ. දුක නැති කරන්නා වූ මාර්ගය දන්නෙත් නෑ කියලා.

## කර්ම විපාක අචින්ත්‍යයි....

අන්න ඒ නොදන්නා කමෙන් යුක්තව කෙනෙක් ආශ්වාස කරනවා. ප්‍රශ්වාස කරනවා. ඒ නොදන්නා කමෙන් යුක්තව විතක්ක විචාර කර කර ඉන්නවා. ඒ නොදන්නා කමෙන් යුක්තව හඳුනගන්නවා විඳිනවා. ඊට පස්සේ එයා තුළ අර පෙර ආත්මෙන් ගෙනාපු දේවල් ටික විතරයි වැඩ කරන්නේ. කර්මයෙන් තමයි පුද්ගලයව තල්ලු කර කර එහෙට මෙහෙට ගෙනියන්නේ. එක ආත්මයක් නෙමෙයි ආත්මභාව දාස් ගාණක්. සමහර විට ඔබට මේ ආත්මේ හම්බ වෙන්න පුළුවන් සතුරෙක්. සමහරවිට එයා ආත්මභාව ගණනාවක් අපේ සතුරෙක් විදිහට ඉන්න කෙනෙක් වෙන්න පුළුවන්.

කර්ම විපාකයන්ගේ ස්වභාවය අපි හිතනවට වඩා වෙනස්. අපි හිතනවට වඩා භයානකයි. ධර්මයේ හැසිරීම කියන්නෙත් අපි හිතනවට වඩා වෙනස් එකක්. දැන් ඔබට මතක ඇති අර බොහෝම ඉස්සර කාලේ එක සිද්ධියක් තියෙනවා. එක මනුස්සයෙක් ගෙදර තිබුන උත්සවයකට එළුවෙක් මැරුවා බෙල්ල කපලා. ඒ මනුස්සයා ඒ කර්මයේ විපාක හැටියට ආත්මභාව පන්සීයක් බෙලි කැපුම් කෑවා. එතකොට බලන්න තිරිසන් සතෙකුට හානියක් කරලා ආත්මභාව පන්සීයක් බෙලිකැපුම් කනවා නම් මනුස්සයෙකුට හානියක් කළොත් ආත්මභාව කීදාහක් ඒකේ විපාක විඳින්න වෙයිද?

## විපාක දීලා මිසක් අවසන් වෙන්නේ නෑ....

දැන් අපි ගත්තොත් පසුගිය දවස්වල අර සේයා කියලා පුංචි දුවෙකුට හිංසා කරලා, නොයෙක් අතවරයන්ට ලක් කරලා, මේ දරුවා ඝාතනය කළා. මේ කර්ම විපාකය ඒක කරපු මිනිස්සුන්ට ආත්මභාව කීයක් නම් විපාක දෙයිද? මනුස්ස ආත්මයක් ලබන ලබන ගාණට පුංචි සන්ධියේදීම විනාශ වෙයි. සතෙක් වෙලා උපන්නත් එනවා ඒක. කර්මයන්ගේ ස්වභාවය තමයි ඒක විපාක දීලා මිසක් අවසන් වෙන්නෙ නෑ. මේකේ අපි තේරුම් ගන්න ඕනෙ ප්‍රධාන දේවල් දෙකක් තමයි අවිද්‍යාව සහ තණ්හාව. තණ්හාව ප්‍රහාණය වෙන්නෙ නෑ විද්‍යාව පහළ කරගන්නෙ නැතුව.

අපි මුළා වුනා නම් යම්කිසි දෙයකට, ඒ මුළා වෙච්ච දේ ගැන ඇත්ත ස්වභාවය පේන්නම ඕන ඒ මුළාව නැතුව යන්න නම්. ඒ මුළාව නැතුව ගියොත් ඒ කෙනා ඇලි ඇලී සිටියේ යමකටද ඒ ඇලෙන දේ නිසරුයි කියලා තේරුම් ගන්නවා. හොඳට මේ බුද්ධ දේශනා දිහා බැලුවහම පේනවා බුදුරජාණන් වහන්සේ ගොඩාක් ඒ කාලේ භික්ෂූන් වහන්සේලාට හරී ඍජු විදිහට මේ භවයට නොඇලෙන ආකාරයට ධර්මය දේශනා කරලා තියෙනවා. ඒ ධර්මය අහපු අය ඒ ධර්මය පිළිපැදලා අවංකවම උත්සාහ කළා මේ ජීවිතේ අවබෝධ කරන්න.

## පැවිද්දාගේ මූල කර්මස්ථානය....

දැන් අපි ගමු කෙනෙක්ව පැවිදි කරද්දි චාරිත්‍රානුකූලව උපාධ්‍යායන් වහන්සේ සිවුරු පටිය කරේ ගැටගසද්දි ඒ පැවිදි වෙන කෙනා ලවා කියවනවා කේසා,

ලෝමා, නඛා, දන්තා, තචෝ (කෙස්, ලොම්, නිය, දත්, සම) කියලා. ඒකට කියන්නේ මූල කර්මස්ථානය කියලා. ඒක තමයි පැවිද්දාගේ පටන් ගන්නා භාවනාව. ඒක අමතක වෙච්ච ගමන් ඒ පැවිද්දාගේ ගමන බොහොම ළාමක එකක් වෙනවා. ඒ කියන්නේ මාර්ගය වැඩෙන්නෙ නැති ගමනක් වෙනවා. එතකොට එහෙනම් පැවිදි ජීවිතය ආරම්භ කරන්නේ කේසා, ලෝමා, නඛා, දන්තා, තචෝ කියන මේ මූල කර්මස්ථානයෙන්.

කොච්චර දුරට සමහර අයගේ පින්බලය වැඩිලා තිබුනද කියන්නේ ඔය බුද්ධ කාලේ සමහර සත් හැවිරිදි පුංචි දරුවන්ව මහණ කරද්දි දැලි පිහියෙන් කෙස් කපලා අතට දෙනවා 'පුතේ.... මේක දිහා බලාගෙන මේ ශරීරය ගැන මෙනෙහි කරන්න' කියලා. ඒ විදිහට මෙනෙහි කරගෙන යද්දි කෙස් බාලා ඉවර වෙනකොට රහත් ඵලයට පත්වෙනවා. මේ විදිහට කේසා, ලෝමා, නඛා, දන්තා ආදී වශයෙන් මෙනෙහි කරන්නේ ආශ්වාදයක්ද ආදීනවයක්ද? ආදීනවයක් මෙනෙහි කරන්නේ. ආශ්වාදයක් නෙමෙයි.

## සුභ විදිහට බලන්න ගිහිල්ලා වෙච්ච දේ....

මට මතකයි මං මුල්ම කාලේ වැඩසටහන් වලදී අසුභ භාවනාව උගන්වද්දි සමහර අපේ වැඩසටහන් වලට ආපු අම්මලම තුණ්ඩු වලින් එව්වා 'මේවා අද කාලේ අපට ගැලපෙයිද?' කියලා අහලා. සුභ විදිහට බලන්න ගිහිල්ලා දැන් වෙලා තියෙන දේ දැක්කනේ. සුභ විදිහට බලන්න ගිහිල්ලා ධර්මය පැත්තක, පිදුම් ලබන්නේ වැසිකිළි පෝච්චි. 'මේ තරුණ ළමයි අසුභ භාවනාව ගැන කල්පනා කළොත් ගෙවල් අවුල් වෙයි. මේවා තරුණයන්ට ගැලපෙන්නෙ නෑ. කලකිරීම ඇතිවෙයි'

කිය කිය අපිට චෝදනා කළා ඒ කාලේ. අසුභ භාවනාව කියන්නේ බුදුවරුන්ගේ කමටහනක්.

## එකල භික්ෂූන් නිර්භීත යුධ සෙබළු වගේ....

දැන් කාලේ වගේ නෙමෙයි ඒ කාලේ. පැවිදි වෙච්ච කෙනා අමු සොහොනට ගිහිල්ලා කුණු වෙච්ච මළකුණු දිහා බලාගෙන ඉන්නවා. ඊළඟට පොරවන්නෙ සොහොනෙ දාපු රෙදි කෑලි එකතු කරලා මහගන්න සිවුරු. ඒවා පොරවගෙන තමයි සිංහරාජයෝ වගේ වනාන්තරයට ගියේ. යුද සෙබළු වගේ ඒ කාලේ භික්ෂූන් වහන්සේලා. ඒ කියන්නේ සොහොනේ දාපු රෙදි කෑලි අරගෙන, ඒවා සිවුරු හැටියට කපලා මහගෙන, පඬුගහලා, ඒවත් පොරවගෙන නිර්භයව ගස්ගල් යට වාසය කරමින්, නියම විදිහට අයෝමය සන්නාහ දැරූ උතුමන් තමයි ඒ කාලේ වැඩහිටියේ.

සීලය නමැති ගුණය දරාගෙන, ඉන්ද්‍රිය සංවරය නමැති සන්නාහය අතට අරගෙන, විදර්ශනාව නමැති කඩුව අතේ තියාගෙන ගියේ. ඒ කාලේ ඒ වගේ මහා වීරවන්තයෝ හිටියේ. අද ඒ මුකුත් තියෙනවද? ඒ මහා වීරවන්ත මනුෂ්‍ය වර්ගයාට, මහා ප්‍රඥාවන්ත මනුෂ්‍ය වර්ගයාට විස්තර කරපු දෙයක් මේ ධර්මය. අද අපි ඒ ධර්මය කතා කරනකොට ඒකට විරුද්ධව කොච්චර කතා කරනවද මේ බෞද්ධ කියන අය.

## ජීවිතයේ ප්‍රධානම අර්බුදය ජරාමරණ....

මං ඔබට කිව්වා මතකද යම්කිසි දෙයක් හටගන්නා ආකාරය අවබෝධ වුනොත් ඒක නිරුද්ධ වෙන ආකාරයත්

අවබෝධ කරන්න පුළුවන් කියලා. හටගන්නා ආකාරය අවබෝධ වුනේ නැත්නම් නිරුද්ධ වෙන ආකාරය අවබෝධ වෙන්නේ නෑ කියලා. අපේ ජීවිතවල තියෙන ප්‍රධානම අර්බුදය තමයි ජරාමරණ. අපි වයසට යන්නෙත් නැත්නම්, මැරෙන්නෙත් නැත්නම් ඒ හැටි අර්බුදයක් නෑ වගේනේ. මරණභයෙන්, ලෙඩදුක් භයෙන් කෙළවරක් නැතුව පෙළෙනවා නේද සත්වයා?

**අථ ඛෝ භික්ඛවේ විපස්සිස්ස බෝධිසත්තස්ස ඒතදහෝසි.** එතකොට මහණෙනි, විපස්සී බෝසතාණන් වහන්සේට මේ අදහස ඇතිවුනා. **කිම්හි නු ඛෝ අසති ජරාමරණං න හෝති.** කුමක් නැති කල්හිද ජරාමරණ නැත්තේ? **කිස්ස නිරෝධා ජරාමරණ නිරෝධෝ.** කුමක් නිරුද්ධ වීමෙන්ද ජරාමරණ නිරුද්ධ වෙන්නේ? ඔන්න දැන් ලෙහෙන්න ගන්නවා ප්‍රශ්නෙ. කලින් ප්‍රශ්නය මොකක්ද කියලා තෝරගත්තා. දැන් තෝරගත්තු ප්‍රශ්නය ලෙහාගෙන යනවා.

## ඉපදීමක් නැත්නම් ජරාමරණත් නෑ....

**අථ ඛෝ භික්ඛවේ විපස්සිස්ස බෝධිසත්තස්ස** එකල්හී මහණෙනි, ඒ විපස්සී බෝසතාණන් වහන්සේට **යෝනිසෝ මනසිකාරා** නුවණින් මෙනෙහි කරද්දි **අහු පඤ්ඤාය අභිසමයෝ** ප්‍රඥාවෙන් අවබෝධ වුනා. **ජාතියා ඛෝ අසති ජරාමරණං න හෝති.** ඉපදීම නැත්නම් ජරාමරණ නැත්තේය. **ජාති නිරෝධා ජරාමරණ නිරෝධෝ.** ඉපදීම නිරුද්ධ වීමෙන් ජරාමරණ නිරුද්ධ වෙයි. එහෙනම් අපේ ප්‍රශ්නයට උත්තරය තියෙන්නේ ඉපදීම නැති තැන. ලෝකයේ ඕනම කෙනෙකුට මේ දුකේ ප්‍රශ්නයට විසඳුම තියෙන්නේ ඉපදීම නැති තැනයි.

යම් තැනක ඉපදුනොත් ඉපදෙන්නේ මොනවද ඇස, කන, නාසය, දිව, කය, මනස. මේවනේ තියෙන්නේ කොහේ උපන්නත්. දැන් මේ කතා කරන්නේ තාවකාලික විසඳුම ගැන නෙමෙයි ස්ථිර විසඳුම ගැන. අපි කලින් කතා කළේ 'පටිච්ච සමුප්පාදය'. දැන් මේ කතා කරන එකට කියන්නේ 'පටිච්ච සමුප්පාද නිරෝධය' කියලා. පටිච්ච සමුප්පාදය කියලා කියන්නේ හේතූන් නිසා ඵල හටගන්නා ආකාරය. මේ හේතූන් නිසා ඵල හටගන්නා ආකාරය කෙනෙකුට හරියටම අවබෝධ වුනොත් එයා හේතු නැති වුනොත් ඵල නැති වෙනවා කියන ධර්මතාවයට ආසා කරනවා.

## හප්පේ... ඉපදුනේ නැත්නම් මක්වේවිද මට....?

හේතුඵල දහම හරියට අවබෝධ වුනේ නැත්නම් එයා කල්පනා කරනවා 'හප්පේ... ඉපදුනේ නැත්නම් මක් වේවිද මට? මං ඉපදුනේ නැත්නම් ඇහෙන් බලන්නේ කොහොමෙයි? කනින් අහන්නෙ කොහොමෙයි? නාසයෙන් ආඝ්‍රාණය කරන්නෙ කොහොමෙයි. එතකොට මට හිතන්න බැරුව යයිනේ' කියලා. ඒ ඔක්කොම එන්නේ මම මගේ කියන අදහස වටා. එහෙනම් මේ පටිච්ච සමුප්පාදය නුවණින් විමසීම තුළින් ඉස්සෙල්ලාම අපේ නැතිවෙන්නේ සක්කාය දිට්ඨියයි.

සක්කාය දිට්ඨියෙන් තොරව තමයි මේ ධර්මයේ සුන්දරබව තියෙන්නේ. සක්කාය දිට්ඨිය තියෙන කෙනෙකුට ඉපදීම නැති තැනක් ගැන කතා කළොත් බය වෙනවා. 'හප්පේ... ඉපදෙන්නේ නැත්නම් හරි

වැඩේ නොවැ' කියලා බය වෙනවා. අපි ඔක්කොම විසඳුම හොයන්නේ ඉපදීම තුළමයි. ඇස තුළ නම් විසඳුම හොයන්නේ, කන තුළ නම් විසඳුම හොයන්නේ, නාසය තුළ නම් විසඳුම හොයන්නේ ඒ විසඳුම දුකක්මයි. ප්‍රඥාවෙන්මයි මේක විසඳගන්න තියෙන්නේ.

## මාසේ පඩිය බලාපොරොත්තුවෙන් ඉන්න කෙනෙක් වගේ....

එතකොට ඒ විපස්සී බෝසතාණන් වහන්සේට ඇතිවුන අවබෝධය මොකක්ද? **ජාති නිරෝධා ජරාමරණ නිරෝධෝ.** ඉපදීම නිරුද්ධ වීමෙන් ජරාමරණ නිරුද්ධ වෙයි. බලන්න මේ පටිච්ච සමුප්පාදයෙන් නිදහස් වෙච්ච රහතන් වහන්සේලාගේ අදහස්. සාරිපුත්ත මහරහතන් වහන්සේ එක තැනක වදාළා කම්කරුවෙක් වේතනයක් බලාපොරොත්තුවෙන් ඉන්නවා වගේ මං මේ පිරිනිවන් පාන්නේ කවද්ද කිය කිය බලාගෙන ඉන්නේ කියනවා. දුක හොඳට තේරුම් ගිය, දුක හොඳට දැකපු, දුක හොඳට අවබෝධ කරපු, දුකෙන් නිදහස් වූ, දුකට අයිති නැති කෙනා දුකේම ගැලෙන්න ආසා වෙන්නේ නෑ. එහෙනම් උන්වහන්සේලා කර්මානුරූපව ලැබිච්ච ආයුෂයෙන් වැඩ ඉන්නවා මිසක් මේ ලාභ සත්කාර වලට ආසාවෙන් ඉන්නවා නෙමෙයි.

## භවය නිරුද්ධ වීම නිවනයි....

**අථ බෝ භික්ඛවේ විපස්සිස්ස බෝධිසත්තස්ස ඒතදහෝසි.** එතකොට මහණෙනි, විපස්සී බෝසතාණන් වහන්සේට මෙහෙම හිතුනා. **කිම්හි නු බෝ අසති ජාති න හෝති.** ඉපදීම නැති වෙන්නේ කුමක් නැත්නම්ද?

**කිස්ස නිරෝධා ජාති නිරෝධෝ.** කුමක් නිරුද්ධ වීමෙන්ද ඉපදීම නිරුද්ධ වෙන්නේ? ඔය විදිහට නුවණින් මෙනෙහි කරද්දි උන්වහන්සේට ප්‍රඥාවෙන් අවබෝධ වුනා "භවය නැති කල්හි ඉපදීමක් නැත්තේය. භවය නිරුද්ධ වීමෙන් ඉපදීම නිරුද්ධ වෙයි" කියලා. එක තැනක බුදුරජාණන් වහන්සේ විස්තර කරනවා **භව නිරෝධෝ නිබ්බානං** භවය නිරුද්ධ වීම නිවනයි කියලා. ඔබ අහලා තියෙනවනෙ නිවන ගැන විස්තර කරනවා ජාතියක් ජරාවක් මරණයක් නැති අජරාමර සංඛ්‍යාත අති උතුම් නිර්වාණ සම්පත්තිය කියලා? අහලා තියෙනවා. ජාති ජරා මරණ නැති, සෝක වැලපීම් දුක් දොම්නස් නැති තැන නිවන.

## නිවන කියන්නේ තැනක්....

බුදුරජාණන් වහන්සේ එක්තරා අවස්ථාවක දේශනා කරනවා "මහණෙනි, තැනක් තියෙනවා සංඛත ලක්ෂණ නැති. සංඛත ලක්ෂණ කිව්වේ මොනවද? හටගැනීමක් පේනවා. වැනසීමක් පේනවා. වෙනස් වෙමින් පැවතීමක් පේනවා. ඇස කියන්නේ සංඛතයක්. කන කියන්නේ සංඛතයක්. නාසය කියන්නේ සංඛතයක්. දිව කියන්නේ සංඛතයක්. කය කියන්නේ සංඛතයක්. මනස කියන්නේ සංඛතයක්. ස්පර්ශය කියන්නේ සංඛතයක්. විඳීම කියන්නේ සංඛතයක්. හඳුනාගැනීම කියන්නේ සංඛතයක්. විඤ්ඤාණය කියන්නේ සංඛතයක්.

අර කලින් කියපු සංඛත ලක්ෂණ මේවායේ දකින්න ලැබෙනවා. එතකොට මේවාට පුද්ගලයා තෘෂ්ණාවෙන් බැඳිලා ඉන්නකම් විසඳුමක් නෑ. අසංඛතයක ලක්ෂණ තුනක් තියෙනවා. **න උප්පාදෝ පඤ්ඤායති.** හටගැනීමක්

පේන්න නෑ. **න වයෝ පඤ්ඤායති.** වැනසීමක් පේන්න නෑ. **න ඨිතස්ස අඤ්ඤථත්තං පඤ්ඤායති.** වෙනස්වෙමින් පැවතීමක් පේන්න නෑ. බුදුරජාණන් වහන්සේ වදාළා " මහණෙනි, මේ අසංඛත වූ දෙයක් නොතිබුනා නම්, ඉපදීමක් නැති ජරාවක් නැති මරණයක් නැති තැනක් නොතිබුනා නම් උපදින දිරන මැරෙන සත්වයාට විසඳුමක් නෑ" කියනවා.

## භවය නිරුද්ධ වීමෙන් ඉපදීම නිරුද්ධ වෙනවා....

හරි පුදුම සහගතයි බුදුවරුන්ගේ කතා. සාමාන්‍ය මනුස්සයෙකුට හිතාගන්නවත් බෑ ඒ කතා. එහෙනම් විසඳුම තියෙන්නේ ඉපදීම නැති ජරා නැති මරණ නැති තැන. මේකේ කියනවා **භව නිරෝධා ජාති නිරෝධෝ.** භවය නිරුද්ධ වීමෙන් ඉපදීම නිරුද්ධ වෙනවා. භවය ගැන විස්තර කරද්දි බුදුරජාණන් වහන්සේ ආනන්දයන් වහන්සේගෙන් අහනවා **කාමධාතුවේපක්කඤ්ච ආනන්ද කම්මං නාභවිස්ස අපි නු ඛෝ කාමභවං පඤ්ඤායේථාති.** කාම ධාතුවේ විපාක විඳින්න කර්මයක් නොතිබුනොත් කාම භවයක් කියලා එකක් දකින්න ලැබෙයිද? **නෝ හේතං භන්තේ.** නෑ ස්වාමීනි.

**ඉති ඛෝ ආනන්ද කම්මං ඛෙත්තං. විඤ්ඤාණං බීජං. තණ්හා සිනේහෝ.** මෙසේ ආනන්දය, කර්මය තමයි ක්ෂේත්‍රය. විඤ්ඤාණය තමයි බීජය. තණ්හාව තමයි තෙත. **අවිජ්ජා නීවරණානං සත්තානං තණ්හා සංයෝජනානං හීනධාතුයා විඤ්ඤාණං පතිට්ඨිතං.**

**පත්ථනා පතිට්ඨිතා. චේතනා පතිට්ඨිතා.** අවිද්‍යාවෙන් වැසීගිය තණ්හාවෙන් බැඳීගිය සත්වයන්ගේ විඤ්ඤාණය හීන ධාතුවේ පිහිටියා. ප්‍රාර්ථනාව හීනධාතුවේ පිහිටියා. පැතුම හීනධාතුවේ පිහිටියා. එතකොට භවය නිරුද්ධ වුනොත් කර්මය නමැති ක්ෂේත්‍රයත් නෑ. විඤ්ඤාණය නමැති බීජයත් නෑ. තණ්හාව නමැති ජලයත් නෑ.

## අවාසනාවන්ත මිනිස්සු....

විඤ්ඤාණය පිහිටන්නේ අවිද්‍යාවෙන් වැහිලා තණ්හාවෙන් බැඳිලනෙ. දැන් එතකොට අවිද්‍යාව ප්‍රහාණය වෙලා නම්, විද්‍යාව පහළ වෙලා නම්, තණ්හාවත් ප්‍රහාණය වෙලා නම් ආයෙ විඤ්ඤාණය කොහේවත් පිහිටන්නෙ නෑ. එතකොට කාම භවයකුත් නෑ. රූප භවයකුත් නෑ. අරූප භවයකුත් නෑ. **භව නිරෝධෝ නිබ්බානං.** භවය නිරුද්ධ වීම නිවනයි.

භවය නිරුද්ධ වීමෙන් තමයි ඉපදීම නිරුද්ධ වෙන්නේ. දැන් බලන්න අපිට මනුස්ස ආත්මයක් ලැබිලා මේ බුදුරජාණන් වහන්සේගේ ධර්මය පොත්වල තියෙනවා. මේවා ඉගෙන ගන්න වාසනාවක් නැතුව අපේ ආච්චිලා සීයලා මළා නේද? ලංකාවේ කී ලක්ෂයක් ඉන්නවද මේ ධර්මය ඉගෙන ගන්න වාසනාව නැති. ලෝකෙ කොච්චර ඉන්නවද?

## ග්‍රහ දොස් අපල....

අපි අපට දුක් ඇතිවෙනකොට 'අනේ මේ දුක් නැති වෙන්නේ කවද්ද...' කිය කිය ඉන්නවා. අපි හිතන්නේ මේ දුක් ඇති වෙන්නේ අපේ දෝෂයක් නිසා කියලා නෙමෙයි.

මේ ආකහේ ඉන්න ග්‍රහයන්ගේ දෝෂයක් නිසා කියලයි. ග්‍රහයෝ ටිකට සත්කාර සම්මාන කරාම ඒගොල්ලෝ අපිව මේ කරදර වලින් නිදහස් කරනවා කියලයි. ඒක භාග්‍යවතුන් වහන්සේගේ දේශනාවක් නෙමෙයි.

ඒක බුදුරජාණන් වහන්සේගේ ධර්මයට අයිති එකක් නෙමෙයි. ඒක හින්දු ධර්මයක්. ඔය ජ්‍යොතිෂ්‍ය වගේ දේවල් වල යම්කිසි ප්‍රමාණයකට මනුෂ්‍යයාගේ කර්ම චක්‍රය ගැන විග්‍රහයක් කෙරෙනවා ඇති. නමුත් ඒකේ විසඳුමක් නෑ. දැන් අපි ගත්තොත් මේ කාලෙට මේක වෙනවා, මේ කාලෙට මේක වෙනවා කියලා කියනවා කියමු. ඒකෙන් බේරි බේරි කොච්චර කල් ඉන්න පුළුවන් වෙයිද?

## තිසරණය නැති කෙනාට සුගතියක් නෑ....

අපි කියමු දැන් කේන්දරේ කිසි අවුලක් නැතිව හරියට තියෙනවා කියමු. ගිරහයොත් හරි විදිහට ඉඳලා තියෙනවා. ඒ ඒ අවස්ථාවල ගිරහයෝ කිපෙනකොට පුද පූජාවන් දිදී ෂේප් කරනවා. දැන් ටික ටික මෙයා වයසට ගිහිල්ලා මරණමුඛයට යනවා. ඊට පස්සේ එයාට පිහිට වෙන්නේ ගිරහයොද තමන්ගේ කර්මයද? තමන්ගේ කර්මයයි. ඒ වෙද්දි හරියට එයාට ධර්මය අහුවෙලා නොතිබුනොත් එයා බුදුරජාණන් වහන්සේ සරණ යන්නෙ නැනේ. ඇයි එයාට විසඳුම් දුන්නේ බුදුරජාණන් වහන්සේ නෙමෙයිනේ. ගිරහයොනේ.

එතකොට එයා මැරෙන්නේ තිසරණය නැති කෙනෙක් හැටියටයි. තිසරණය නැති කෙනෙකුට සුගතියේ යෑම ගැන ස්ථිර කතාවක් නෑ. තිසරණයේ මනාකොට

පිහිටි කෙනා ගැන තියෙන්නේ කොහොමද? **යේ කේචි බුද්ධං සරණං ගතාසේ.** යම්කිසි කෙනෙක් බුදුරජාණන් වහන්සේ සරණ ගියා නම්. **න තේ ගමිස්සන්ති අපායං.** අපායට යන්නෙ නෑ කියනවා. **පහාය මානුසං දේහං.** මනුස්ස ශරීරය අත්ඇරලා. **දේවකායා පරිපූරෙස්සන්ති.** දෙවියන් අතරට යනවා.

## ධර්මය තිබෙන්නේ කවුරු වෙනුවෙන්ද....?

අපි කියමු කෙනෙකුට මේ ආත්මේ හරියට කරදර. හරිම දුකසේ ඉන්න තියෙන්නේ. නමුත් එයා ඒ දුක් විඳගෙන වචනයෙන් පව් කරන්නෙත් නැතුව, කයෙන් පව් කරන්නෙත් නැතුව, නිශ්ශබ්දව ඉවසීමෙන්, මේ සසරට වැටිච්ච නිසා නුඹ මේ විඳවන්නේ කියලා එයා මේ අර්ථය ගත්තොත් එයා වෙනුවෙනුයි මේ ධර්මය තියෙන්නේ. 'නුඹ නාඬන්... නුඹ නාඬන්... නුඹට මේවා හොඳ පාඩම්... නුඹ මේ සසරට වැටිච්ච නිසා මේ විඳවන්නේ... නුඹ මේ නුඹේ ප්‍රශ්න කාටවත් පවරන්න එපා. නුඹම ඉවසාගෙන, නුඹව දරාගෙන, නුඹේ ගුණධර්ම වලට හානි කරගන්නෙ නැතුව, නුඹ මේකෙන් එතෙර වෙයන්' කියලා හිතට ගත්තොත් අන්න එයාටයි මේ ධර්මය. වෙන කවුරුවත් වෙනුවෙන් නෙමෙයි මේ ධර්මය තියෙන්නේ. මේකෙන් නිදහස් වෙන්න ඕනෙයි කියලා හිතපු කෙනා වෙනුවෙන්.

## නුවණැත්තෙකුට ධර්මය ලැබුනොත්....

අපි හිතමු තව කෙනෙක් හරිම දුකසේ ගෙදර ඉන්නවා. එයාගේ සැමියත් බීගෙන ඇවිල්ලා හරියට හිංසා කරනවා. කිසිම සැනසිල්ලක් නෑ. ළමයිනුත් කීකරු නෑ. ඊළඟට හම්බ කරන දේත් මොනවහරි වෙලා වියදම්

වෙලා යනවා. හරියට කන්න බොන්නත් නෑ. මෙහෙම ඉන්දෙද්දි දැන් ඔන්න එයාට ධර්මය ලැබෙනවා. ධර්මය ලැබෙන්න ඉස්සෙල්ලා එයා සැමියාගෙන් හිංසා වෙනකොට 'නොදකිං... මේ මිනිහෙක් බැඳලා මට වෙච්ච දේ...' කියලා හිතලා සැමියා කෙරෙහි වෛර බැන්දා කියමු.

එහෙම නැත්නම් කල්පනා කළා කියමු වෙනත් කොහේ හරි ගිහිල්ලා වශියක්වත් දීලා සැමියා තමන්ගේ යටතට ගන්න හිතුවා කියලා. මේවා එකක්වත් ධර්මය නෙමෙයි අධර්මය. මේ ඔක්කොම මැද්දෙන් මෙයාට ධර්මය අහුවෙනවා. ධර්මය තුළ විස්තර කරනවා ඉවසපං. ඔන්න මේ වචනය මෙයාට අහුවුනා කියමු. එතකොට එයා අමාරුවෙන් දුකසේ පුරුදු කරනවා ඉවසීම.

## උතුම්ම තපස ඉවසීමයි....

ඉවසීම කියලා කියන්නේ සියලු ගුණ මතුවෙන, සියලු කුසල් මතුවෙන, සියලු ධර්මය ඉස්මතු වෙන, සියලු යහපත මතුවෙන භූමියයි. ඉවසීමනේ උතුම්ම තපස කියන්නේ. එතකොට මෙයා ඒ හැම පීඩාවක්ම ඉවසගෙන, අහිංසකව, මේ සසර ගැන ලොකු කළකිරීමකින්, මෛත්‍රියත් දියුණු කරගෙන, මනුස්ස ලෝකෙටත් ආස නැතුව, හිමින් හිමින් මෙයා ධර්මය දියුණු කරගෙන යනවා කියමු. දැන් මෙයාට ගිරහයෝ වට කරලා ගහනවා. එහෙම වුනා කියලා මෙයාගේ තිසරණය නැතුව යන්නෙ නෑ.

'බුදුරජාණන් වහන්සේ අපට මේ ධර්මය දේශනා කළේ මේ සසර දුක නිසා තමයි' කියලා බුදුරජාණන්

වහන්සේ ගැනම මෙනෙහි කර කර, ඒ ධර්මය ගැනම මෙනෙහි කර කර, ඒ ධර්මයම අල්ලගෙන, සීලාදී ගුණධර්ම රැකගෙන, මෙහෙම නොවැ දුක හැදෙන්නේ කියලා පටිච්ච සමුප්පාදෙත් හොඳට දන්නවා නම්, පටිච්ච සමුප්පාද නිරෝධය පිළිවෙළින් ඉගෙන ගන්නවා නම්, එයාට මේ ජීවිතේදි සම්පූර්ණ ප්‍රඥාවක් නොලැබෙන්න පුළුවන්. නමුත් ප්‍රඥාවන්තයෙක් වෙන්න සුදුසුකම් ලබනවා.

## බුදු සසුනේ අසිරිය....

යම් හෙයකින් එයා මේ ජීවිතේ බොහොම දුකසේ ඉඳලා ඊළඟ ජීවිතේ දෙවියන් අතරට ගියහම එයා මහා ප්‍රඥාසම්පන්න දෙවියෙක්. එක්තරා අවස්ථාවක සක් දෙවිඳු ඇවිල්ලා බුදුරජාණන් වහන්සේට ප්‍රකාශ කරනවා "භාග්‍යවතුන් වහන්ස, මේ මනුස්ස ලෝකයේ බොහොම දිළිඳුව, දුකසේ වාසය කරපු අය මේ බුද්ධ ශාසනය නිසා මහා තේජස් ඇති දෙවිවරු වෙලා දෙව්ලොව ඉපදිලා ඉන්නවා" කියනවා.

මනුස්ස ලෝකෙ හිටපු එක යාචකයෙක් මැරිලා ගිහිල්ලා මහා බලසම්පන්න දෙවි කෙනෙක් වෙලා උපන්නා. එතකොට එක දෙවිවරු කොටසක් එයා දිහා බලලා විහිලු කළා. සක් දෙවිඳු ඒ දෙව් පිරිසට අඬගහලා කිව්වා 'හා හා විහිලු කරන්න එපා.... මෙයා මනුස්ස ලෝකෙ ඉන්දෙද්දි යාචකයෙක් තමයි. නමුත් දැන් මේ අනිත් සියලු දෙවිවරුන්ගේ බලය මැඬගෙන ඉන්න මහා දෙවියෙක්' කිව්වා. කොහොමද එයා ඒ තරම් ඉහළට

ගියේ? බුදුරජාණන් වහන්සේගේ ධර්මයෙන්.

## ධර්මය තේරුණොත් එයා ගුණවතෙක් වෙනවා....

එතකොට මේ ධර්මය කියලා කියන්නේ පුද්ගලයෙක් තුළ ගුණයක් උපද්දවන එකක්. මේ ධර්මය අපි කතා කරද්දි ඒ ධර්මය කෙනෙකුට වැටහුනා කියන්නේ එයා තුළ යම්කිසි ගුණයක් ඇතිවෙනවා කියන එකයි. මතක තිබ්බා කියන එක නෙමෙයි. ධර්මය මතක තියෙන්න පුළුවන් කෙනෙකුට ගුණයක් නැතුව. ගුණයක් නැතුව ධර්මය විතරක් මතක තිබුනොත් සමාජය මැද්දේ 'ආ... මෙයා ධර්මය දන්න කෙනෙක්' කියලා පිළිගැනීමකට ඒක උදව් වෙයි. ලාභ සත්කාරයට ඒක උදව් වෙයි. හැබැයි තමන්ගේ සසර ගමනට කිසිම පිහිටක් ලැබෙන්නෙ නෑ. තමන් ආපු සංසාරෙම එහෙමම යයි. පිහිටක් ලැබෙන්න පටන් ගන්නේ ධර්මය තේරිච්ච දවසට.

## සැබෑ පෞරුෂය....

සසර ගමනට පිහිටක් ලැබෙන්නේ ඒ ධර්මය තුළින් ගුණයක් මතු වුනොත් විතරයි. ධර්මය තේරෙන දවසට එයා ගුණවතෙක් වෙනවා. ඉවසීම පුරුදු වෙනවා. කරුණාව පුරුදු වෙනවා. නොඇල්ම පුරුදු වෙනවා. කළකිරීම ඇතිවෙනවා. පළිගන්න යන්නෙ නෑ. එකට එක කරන්න යන්නෙ නෑ. හැම දෙයක්ම විඳ දරාගෙන ඉන්න පුරුදු වෙනවා. ඒකට තමයි පෞරුෂය කියන්නේ. පෞරුෂය කියලා කියන්නේ පුම්බලා පෙන්නන එකක්

නෙමෙයි. පෞරුෂය කියන්නේ දරාගැනීමේ හැකියාව.
අන්න ඒ ගුණධර්ම ඇති කරගෙන අපටත් මේ ධර්මය
අවබෝධ කරන්න සුදුස්සන් වෙන්න වාසනාව ලැබේවා!

සාදු! සාදු!! සාදු!!!

☸ ☸ ☸

# මහාමේඝ ප්‍රකාශන

11. සුප්පබුද්ධ කුෂ්ඨ රෝගියා
12. නිවී ගිය සේක බුද්ධ දිවාකරයාණෝ
13. සුමන මල් වෙළෙන්දා
14. කාලි යක්ෂණිය
15. මුගලන් මහරහතන් වහන්සේ
16. ලාජා දෙවඟන
17. ආයුවඩ්ඪන කුමාරයා
18. සන්තති ඇමති
19. මහධන සිටුපුත්‍රයා
20. අනේපිඬු සිටුතුමා
21. නන්ද මහරහතන් වහන්සේ
22. මණිකාර කුළුපග තිස්ස තෙරණුවෝ
23. විශාඛා මහෝපාසිකාව
24. පතිපූජිකාව
25. සිරිගුත්ත සහ ගරහදින්න
26. මහාකස්සප මහරහතන් වහන්සේ
27. අහෝ දෙව්දත් නොදිටි මොක්පුර
28. භාගිනෙය්‍ය සංඝරක්ඛිත මහරහතන් වහන්සේ

- **ඉංග්‍රීසි භාෂාවට පරිවර්තනය වී ඇති ධර්ම දේශනා ග්‍රන්ථ :**

01. The life of Buddha for children
02. The Wise Shall Realize
03. Stories of Ghosts
04. Stories of Heavenly Mansions
05. Stories of Sakka, Lord of Gods
06. Stories of Brahmas
07. The Voice of Enlightened Monks
08. Mahamevnawa Pali-English Paritta Chanting Book

- **ඉංග්‍රීසි භාෂාවට පරිවර්තනය වී ඇති සදහම් සිතුවම් පොත් :**

01. Chaththa Manawaka
02. Sumana the Novice monk
03. Stingy Kosiya of Town Sakkara
04. Kisagothami
05. Kali She-devil
06. Ayuwaddana Kumaraya
07. Sumana The Florist
08. Siriguththa and Garahadinna
09. The Great Disciple Visākhā